Berättelser

CLAES IVARSON

Berättelser

Sättning och omslagsutformning: BoD – Books on Demand

Förlag: BoD – Books on Demand, Stockholm, Sverige

Tryck: BoD – Books on Demand, Norderstedt, Tyskland

ISBN: 978-91-7785-087-8

Innehåll

Irland

Färjan, från Swansea till staden Cork på södra Irland, gled sakta in i hamnen. Klockan var sju på morgonen lokal tid. Fartygsbefälet stod längst ut på bryggnocken och övervakade hur den stora färjan smidigt baxades in till sin kajplats. De tjocka förtöjningstrossarna lades med stor muskelkraft runt pollarna av hamnarbetarna på kajen och strax därpå gnällde winscharna vars kraft spände upp förtöjningsgodset till att bli som tjocka pilbågssträngar som drog fartyget än närmare kajen och höll det i ett järngrepp. "Car passengers to car deck" vrålade högtalarna ombord och passagerarna sprang som yra höns om varandra i strävan att komma först till sin bil. Även vi jäktade på stegen och kom så småningom fram till vår gamla krockskadade Saab. Några dagar före avresan hade en bilist plötsligt gjort en u-sväng framför oss och totalt blockerat vårt körfält. Det fanns ingen marginal för undanmanöver varför jag körde rätt in i sidan på den svängande bilen. En polisbil befann sig i omedelbar närhet och hade observerat hur den u-svängande bilisten korsat inte bara en utan två heldragna linjer varför han fick hela skulden på sig och jag friades helt och hållet. Som tur var uppstod inga personskador. Farten var låg och vår bils front fick ett helt nytt utseende. Försäkringsbolaget agerade beundransvärt snabbt och valde att ge oss en summa pengar för bilen som betraktades som skrot och som vi kunde behålla och laga själva om vi ville och kunde. Det blev bråda dagar och på ett bilskrot hittade jag en fungerande kylare som jag lyckades montera och få att fungera, men vackert blev det inte men det fungerade. Penningsumman var ett mycket välkommet tillskott till vår i övrigt skrala reskassa. Vi skulle ändå vara borta i tre månader och några pengar hemifrån kunde vi inte påräkna.

Jag hade fått ett uppdrag i ett företag i staden Cork i sydöstra Irland och det var inget högavlönat jobb utan snarare en god praktik att tillämpa på mina surt förvärvade kunskaper i kostnads-intäktsanalys. En viss ersättning skulle utgå, det visste jag, men det var inga jättebelopp som skulle betalas men ersättningen skulle täcka skälig levnadsstandard vad det nu var på Irland. Potatis och bröd? Jag kom ihåg Giffens paradox från nationalekonomin. Robert Giffen var en skotsk nationalekonom som kom fram till att efterfrågan på potatis ökade när priset på potatis gick upp vilket var en riktig paradox som han fick ge namn åt. Han studerade just potatispriserna på Irland, och dög potatis till fattiga irländare så kunde det duga till fattiga svenskar också eftersom det bara gällde tre månaders vistelse. Vällingpulver till Victoria, vår niomånaders dotter, hade vi gott om. Hela baksätet var packat med blöjpaket och vällingkartonger. Hon skulle inte lida nöd. Jag hade fått fribiljetter till färjan mellan Göteborg och Kiel som ersättning för mitt examensarbete jag skrev för Stena Line. Därför tog vi sjövägen och körde från Kiel till Ostende i Belgien för att där ta färjan över till Dover, för att sedan köra utmed Englands sydkust till Swansea i Wales och ta bilfärjan direkt till staden Cork i sydöstra Irland där uppdraget väntade på att bli utfört. Så var resplanen och den var instuderad i minsta detalj och avvägd mot den del av reskassan som fick gå åt till transporten.

vi körde av vår gamla Saab tvåtaktare i ett moln av blå avgaser i ett för oss främmande land. På väggar och murar stod slarvigt skrivet, målat med rödfärg:"Brittish troops Out!!, och innehållet i det budskapet gick inte att ta fel på. Det var ju inte särskilt välkomnande men vi var ju inga britter utan svenskar även om vi i den jämförelsen identifierade oss starkt med Storbritannien. Illa klädda gubbar hängde utmed väggarna, gubbar i typiska arbetarkepsar och med livremmar gjorda av vanliga snören som höll upp de i många fall alldeles för stora byxorna. Kavajerna hade sett sina bästa dagar för länge sedan men fick hänga med ändå och skulle säkert få hänga med ytterligare en tid. En gubbe hade bara en sko, den andra foten satt i en kraftig strumpa med rejält hål som blottade en naken häl. Rester av en plastpåse förkunnade att han haft foten nedstucken i en påse och den höll nog vätan ute, åtminstone lite grand. Anblicken av denna misär var tankeväckande. Blickarna från dem skapade en viss obehagskänsla hos oss men samtidigt en stark medkänsla med dem. Fattigdomen i Sverige var inte lika påtaglig men fanns naturligtvis innanför många dörrar hemma också. Tidningarna hemma i Sverige innehöll ofta artiklar från någon sprängd pub och skottlossning mellan olika rivaliserande och inte sällan religiösa grupper. Akronymen IRA förekom frekvent och det visste ju alla i Sverige hur farligt det var att åka till Irland och dessutom med ett nio månader gammalt barn. Vi hade fått reda på att blöjor, som vi kände dem, inte fanns att köpa på Irland så vi hade köpt och fått massor av blöjpaket som vi stuvat in i baksätet runt omkring vår lilla dotter. I kändelse av en krock skulle åtminstone hon klara sig, så välemballerad som hon var av "krockkuddar". Vi körde in i staden Cork och letade upp platsen där vi skulle möta vår kontaktman, en kvinna i samma ålder som vi själva och mycket barnkär. Hon jollrade med Victoria hela tiden och berömde oss för namnvalet. Victoria. Vi fick tillgång till elspis och kokkärl för att koka välling och komma lite grand i ordning innan vi, tillsammans med kontaktpersonen, skulle träffa ägarna till det företag som jag skulle arbeta för. Strax före lunch uppenbarade sig två irländska gentlemän i mörkblå kostymer och bad oss komma med till ett hotell för att äta lunch. Vi åt lunch och fick dessutom stanna på hotellet för natten tills vår bostadsfråga hade löst sig och som de självklart skulle hjälpa till med. Det var skönt att få landa i lugn och ro och tala igenom vår vistelse. Vi stannade den natten på hotellet och redan nästa förmiddag kom den ene av dem till oss och frågade om vi kunde tänka oss att bo hemma hos hans fru och honom själv istället för på hotellet, åtminstone tills bostadsfrågan hade löst sig. Det hade vi inget emot och så körde vi ner till seglarmetropolen Kinsale på Irlands sydkust där hans fru Eva och han själv, John, bodde i en rymlig villa med hänförande utsikt över flodmynningen som mynnade ut i atlanten. Eva blev eld och lågor när hon fick se och hålla om lilla lintotten Victoria och hon togs upp som om hon varit deras första barnbarn. De hade själva fyra barn men ännu inga barnbarn vilket vi förstod stod högst upp på deras önskelista. Vi kände oss mycket välkomna hos Eva och John Jacob och vi kom att tillbringa så gott som varje helg med dem i Kinsale som för övrigt var ny hemmahamn för många svenska segelbåtar av märke Drake som gått på export när klassen förlorade i popularitet i Sverige på 1970-talet. John och jag talade mycket segling och jag tillfrågades om jag var intresserad av att segla med honom på lördagarnas poängkappseglingar och det var jag givetvis. John Jacob hade ett förflutet i den irländska flottan och han deltog som fartygsbefäl under andra världskriget utan att bli fysiskt skadad trots eldöverfall vid några tillfällen. John kände väl till flodens strömmar och egenheter och utnyttjade sina kunskaper väl varför vi ofta vann. Jag gjorde nya erfarenheter i det att när vi kom ut i atlanten, dvs. utanför flodmynningen var vågdalen så djup att hela seglingsfältet bara försvann och ersattes av en vägg av vatten medan hela fältet var väl synligt när vi red på vågtoppen. Detta upp och nerhoppande skedde mjukt och sävligt och gav lite kill i magen utan allvarligare konsekvens än det. Det blev vardag och familjen Jacob accelererade sina ansträngningar att hitta oss en bostad och någon dag senare kom John glädjestrålande in på mitt kontorsrum och sa att vi skulle åka och titta på ett hus strax utanför staden Cork. Det ligger i Ballincolligh och är alldeles nybyggt. Eva kommer med din fru och dotter och så åker vi ut och tittar allihopa. Vi var som barn hos Eva och John. Det var en härlig nyhet. Eva kom med min familj och att ryktet om vår ankomst hade nått hela personalen på företaget och att vi hade en blond bebis gick inte att ta miste på för hela personalen stod ute på gatan och välkomnade oss med blommor och glada tillrop. Victoria var som en kraftig magnet för den barnälskande personalen som på skoj kivades om att få hålla den lilla. Victoria var ett fromt barn som lät sig väl behandlas av alla kontorsflickorna som säkert längtade efter egna barn. De var i den barnafödande åldern, vilken den nu är.

Vi åkte ut till huset i Ballincolligh, John och jag i hans renault 5 och Eva och min familj i hennes hundkoja. Vi var strax där och körde in på en återvändsgata i sakta mak och letade upp vårt hus. Ägaren var där och sedan han visat det angränsande garaget klev vi in i huset. Allt var rent och snyggt. En trappa upp var sovrummen placerade. Det fanns två sovrum, ett åt gatan och det andra åt den lilla trädgården på kanske hundra max tvåhundra kvadratmeter, mer var det inte. Vi blev genast förtjusta i detta boende och tackade ja till det om bara priset låg på den nivån som vi kunde klara av. John såg att vi ville bo där och tog försiktigt upp frågan om vi kunde klara av hyran. Jag måste ha svävat på målet till den grad att han förstod att pengar var ett känsligt kapitel. Han visste ju hur stor min lön var eftersom han själv satt den. På stående fot höjde han min lön så att vi skulle kunna bo i huset den tid mitt uppdrag varade och det var vi oerhört tacksamma för, för huset var mycket fräscht och låg i ett barnvänligt område särskilt då all genomfartstrafik var otillåten. Eva hade med sig barnsäng och köksutrustning i stora bärkassar så det var bara att sätta igång med att bädda och göra iordning för natten. Avståndet mellan detta hus och kontoret var kanske tre, fyra kilometer och det var lätt att hitta även för mig vars lokalsinne tidvis spelar mig små spratt. Vi var trötta efter alla nya intryck och ovana att bara tala engelska vilket vi gjorde med varandra som en ren artighet mot vårt värdfolk. Annars kanske de skulle tro att vi sade något ofördelaktigt om saker och ting eller om dem.

Vi valde sovrummet som vette mot den lilla trädgården som begränsades av ett stängsel med två parallella släta ståltrådar, den ena över den andra och byxvänliga om någon skulle få för sig att hoppa över. Bortom stängslet var det ängsmark o ännu längre bort några ladliknande byggnader, i övrigt inget liv och rörelse alls. Min fru ställde in den lånade barnsängen jämte vår dubbelsäng och på hennes sida. Vi sade god natt och kände hur våra trötta kroppar flöt ut över madrassen och lät John Blund ta hand om oss. Vi måste ha somnat omedelbart men ett vilt skjutande i området gjorde oss klarvakna på bråkdelen av en sekund. Det var denna salvan efter den andra och vi blev så rädda att vi rev ner madrasserna och täckena på golvet och gjorde iordning natthärbärget direkt under fönstret. Där tänkte vi att vi skulle vara skyddade om någon vilsen kula skulle leta sig in genom fönstret. Efter en stund lugnade det ner sig och vi kunde få ner hjärtslagen till en någorlunda normal nivå. Åtminstone kände vi oss lite mer lugna. Det blev så småningom morgon och vi började göra oss i ordning, jag för att åka till kontoret, min fru för att komma iordning i vårt nya hem. Jag körde iväg och hittade direkt till kontoret vilket inte bara förvånade mig utan gav mig en känsla av stolthet. Mitt kontorsrum låg en trappa upp och jag delade våningsplanet med en man i 40-årsåldern som hette Tom. Tom var en lojal kontorist som varit länge i firman. Han var ungkarl och hade en enda dröm i livet och det var att åka till Australien. Hans uppgift på firman var någon slags lagerbokföring men framför allt verkade det, att koka te för det var han en hejare på. När teet var klart vid 10-tiden kom ett gäng arbetare in för tepaus. Det var två bilmekaniker, en förman, några lagerarbetare och ett par chaufförer med sina helpers och jag. Jag kom att stå i centrum för deras alla frågor, nyfikenheten på Sverige var stor, kunskapen om landet liten. Jag svarade så gott jag kunde. Låg Sverige nära Norge? Jo det är vårt närmaste grannland med vilka vi var i union med fram till 1905. Är Sverige med i Nato? Nej, Sverige är alliansfritt men Norge och Danmark är med. Yes we know fick jag till svar som om det var en självklarhet. Annars var det mest fotboll som diskuterades, ett ämne jag var extremt dåligt insatt i men jag lyssnade gärna och försökte förstå den irländska engelskan så gott det gick. Lätt var det inte när de drog på som värst. Förmannen tog mig efter en stund avsides och bad mig följa med honom ner på foderlagret. Företaget hette Southern Mills och köpte upp spannmål som de gjorde foderpellets av och sålde till djurhållare. De flesta kunderna var grisuppfödare och det geografiska marknadsområdet var södra och västra Irland. Det var med stor stolthet direktörerna berättade att de nu sålde till västra Irland. För att klara av distributionen hade företaget 22 lastbilar och till varje bil fanns en chaufför och en helper. Min uppgift var att analysera företagets kostnadsmassa med särskild tonvikt på fordonsparkens kostnader. Jag gick med lagerförmannen till lagret och med möda fick han upp den tunga porten. En fet råtta sprang över golvet. Det äcklade mig men förmannen lade sin hand på min axel som en lugnande gest och sade till mig utan att släppa mig med sin glödande blick: Mr Ivarson, I tell you as a friend. ”We have lots of rats here but what ever you do: Never corner a rat, that

could be dangerous because it will attack you" Nej jag hade inga planer
på att tränga in någon råtta i ett hörn. Jag hade inte det minsta intresse
av dem. Det var inte svårt att få syn på de äckliga djuren men att de fanns
gick inte att ta miste på, de fanns överallt i foderlagret och inte bara på
golvet utan på små avsatser när de inte sprang rätt upp för väggarna. Mat
hade de ju gott om. Jag gick tillbaka till tegänget och deltog så gott jag
kunde i diskussionen. De frågade om bostadsfrågan var löst och jag kunde
informera dem om att vi hyrde ett hus i Ballincolligh några kilometer
härifrån. Oh that is a very nice place. That will be nice for all of you. Jag
berättade om nattens skottlossning vilket fick gänget att brista ut i gaps-
kratt. Jag fattade ingenting förrän bilmekanikern Sam berättade att det
låg ett regemente där och de hade haft nattmanöver i natt vilket också
hade stört honom som bodde i närheten men inte på samma gata som vi.
Det blev dags för lunch och för att inte min fru och dotter skulle vara för
mycket ensamma åkte jag hem och åt. Bilen väckte berättigad uppmär-
ksamhet och att jag körde med halvljuset tänt fick irländarna att blinka
frenetiskt för att göra mig uppmärksam på detta faktum. Halvljuset gick
på tändningen och kunde inte stängas av. Det var väl det som fungerade
bäst på bilen. Motorn hackade lite grand och Sam tog in den i verkstaden
och blästrade tändstiften. De måste du byta, de håller inte länge till. Men
de höll för lunchresan och jag kom hem och berättade om att vi bodde
grannar med ett regemente och att de hade övat i natt. Berättelsen kom
att skratta oss halvt fördärvade och vi som föredömligt bäddat på golvet
för att undvika rikochetter från förlupna kulor. Vi skrev hem till våra
mammor och berättade denna roliga historia för båda mödrar ansåg att
en Irlandsresa var rena vansinnet. Nu kunde vi berätta hur det verkligen
var och att vi blivit så fint mottagna vilket borde lugna modersnerver i
dallring.

De helger vi inte åkte ner till Kinsale gjorde vi utflykter till närliggande
orter. Landskapet är bedövande vackert med smala vägar inramade av
stenmurar och stora fuchiaträd vars blommor lyser som små röda lyktor.
Det gällde att köra långsamt och försiktigt, för rätt som det var kunde

en fårägare ta upp hela vägen med sin hjord. Att Irland kallas den gröna ön kunde vi bara delvis förstå för just denna sommar, 1975, var så varm och solig att gräset var alldeles gult och torrt. Vi fick brev från vännerna i Sverige som berättade att vissa byggarbetsplatser hade stängts av fackföreningarna på grund av för hög värme. Jobbarna kunde helt enkelt inte arbeta i hettan. Andra vänner berättade att de åkt ut till havs och låg i vattnet med långa räddningslinor förtöjda i aktern på båtarna. Det gick inte att vara ombord. Vår strävan att få tag i nya tändstift rönte ingen framgång lokalt. Det fanns inga att få tag på. Saab var ett bilmärke som ingen kände till men som väckte berättigad uppmärksamhet. Vi skrev hem till Sverige och bad dem skicka över en laddning tändstift. Jodå, vi utlovades tändstift per post. Under tiden fick jag låta Sam blästra de stift vi faktiskt hade och det var inga problem för honom. Jag har större besvär med benet. "I Was shot at it during the war and it bothers me still" sade Sam och drog upp overallbyxorna för att visa mig ärret där kulan gått in. Jävla krig tänkte jag och kände en oerhörd tacksamhet över att Sverige inte varit inblandat i kriget eller i andra väpnade konflikter. Tänk att människan fortfarande inte har lärt sig att lösa uppkomna konflikter vid förhandlingsbordet utan att först måste slå varandra i skallen. Det är väl ändå märkligt. Bråken på Irland, I Nordirland skall väl ändå sägas, bottnade i religion och i dess namn kan tydligen mycket få ske. Att tala politik eller religion hade vi fått tips hemifrån om att inte dryfta. Dessutom hade inte vårt engelska ordförråd räckt till för en djupare och mer nyanserad diskussion i så allvarliga ämnesområden och vi tog råden ad notam. Gubbarna på firman var både protestanter och katoliker och kom mycket väl överens. De diskuterade aldrig politik utan förfasade sig över dåden som titt och tätt ägde rum i Belfast eller Londonderry, många säkra mil från Cork.

En lördag när vi kom ner till Kinsale låg ett örlogsfartyg för ankar. John rodde ut oss till hans segelbåt, Janet, och under rodden skrattade John, mind you Mr Ivarson, 20% av den irländska flottan besöker oss idag skrattade han och tittade menande på den lilla fregatten i gråmålad militärfärg. Inom ett par år skulle ett fartyg utgöra 100% av den irländska flottan fortsatte John sin historieberättelse om det irländska sjöförsvaret. Själv hade han varit fartygsbefäl under kriget men sluppit lindrigt undan då de inte behövt avlossa ett enda skott och heller inte varit måltavla för omfattande fiendeeld. Efter lördagsseglatserna gick vi hem till Eva som hade gjort klart lite mat och med lunchkorgen i handen gick vi upp till fyren Old Head of Kinsale som var byggd på toppen av en gräsklädd kulle där vi lät oss väl smaka samtidigt som vi hade en vidunderlig utsikt över atlanten och där vi, om vi ansträngde oss riktigt, kunde ana ett vitt segel i fjärran där hav och himmel möttes i en vacker horisont. Jag fick en stark längtan att segla på vida hav men fick lugna ner mig och fortsätta drömma i några år till tills ekonomin stabiliserats och jag lärt mig mer om navigation och sjömanskap. Dyningarna var stora och det var skönt att ha rumpan på fast mark och låta fantasin få fritt utlopp. John berättade att folk förr i tiden eldat på berget och vilselett sjöfarare att gå på grund för att sedan lägga beslag på värdefull last och det var nog inte bara i Kinsale som sådant röveri ägde rum utan på alla platser utmed kusterna där det funnits fyrar och rev att gå på grund. Min klädsel bestod oftast av en mörkblå clubblazer och ljusgrå byxor vilket såg trevligt ut och snudd på elegans särskilt om jag jämförde mig med mina arbetskamrater. Nu hör det till saken att blazern hade jag kommit över mycket billigt då en kund beställt den med påsytt tjusigt märke på bröstfickan men underlåtit att hämta den på avtalad tid. På märket som var vackert broderat stod E II R runt en vapensköld och runt om under den texten:"honi soit qui mal y pense" (skam den som tycker illa därom). Uttrycket är det brittiska kungahusets valspråk och den som bär det förmodas stödja britterna lojalt. Det hade jag ingen aning om. John komplimenterade mig för min klädsel men rekommenderade mig att sprätta bort det tjusiga märket "as it might be a perfect target for a madman". "put this on instead Mr Ivarson" sade John och gav mig ett märke i samma storlek och föreställande den irländska lyran och irländska flaggans färger. Jag kände ett fruktansvärt obehag över att ha gått omkring som en levande måltavla i blind och total okunskap om betydelsen på mitt tjusiga märke men John gav mig en nyttig historielektion då han sade att E II R stod för Elisabeth Regina den andra och "honi soit qui mal y pence är det brittiska kungahusets valspråk och betyder "skam den som tycker illa därom" Genast förstod jag Johns omtanke och samma kväll vände jag ryggen åt det brittiska kungahuset och fick den irländska lyran fastsydd istället. Uttrycket "Honi soit qui mal y pense har anor från 1348 då Kung Edvard III instiftade strumpebandsorden som är den högsta orden i England och händelsen som ledde fram till att orden instiftades var att Grevinnan av Salisbury tappade sitt strumpeband på en bal och då kungen i sin iver att ta upp det kom att lyfta klänningsfållen kom detta de närvarande att skratta. För att tysta detta utropade han på franska: "Honi soit qui mal y pense". (skam den som tycker illa härom, vilket kom att bli ordens motto) och svor att göra strumpebandet till ett så högt utmärkelsetecken att alla skulle sträva efter det. Denna berättelse anses numera osannolik men får duga tills historikerna kommit fram till något annat.

Tom kom en dag in i mitt rum och frågade om jag varit i Australien. "Nej det har jag inte och jag kan inte påstå att jag längtar dit heller" sade jag och fortsatte vårt samtal med att fråga Tom när han skulle åka. "Jag har inte frågat om ledighet ännu" sade Tom och leendet i ansiktet såg inte längre äkta ut utan mer ansträngt som om han ville intala sig själv att han verkligen ville åka. "Fråga John om du får ledigt för din resa, för jag tror att den resan är viktig för dig" sade jag så moget jag kunde men Tom vågade nog inte fråga John för han var uppenbarligen rädd för att få ett nej. Jag frågade Tom om han tyckte det var OK om jag förde ämnet på tal med John utan att gå rakt på sak men kretsa kring det när vi ändå var hemma hos Eva och John på helgerna. Jodå, det var helt i sin ordning men jag fick inte bli hans ombud med en direkt fråga. Kommande helg satt John och jag och pratade över en öl på deras terrass och med havsutsikt och John frågade mig om jag trivdes och hur det gick med mina kostnadsanalyser. Jo, Jag trivs mycket bra och känner mig uppskattad av gubbarna och med Tom som jobbar jämte och kokar ett fantastiskt gott te. Jag sade att Tom verkar längta till att göra en resa till Australien. Jaså, skulle han vilja göra det, det har jag inte hört något om. Han har inte sagt att han skall resa, bara att han skulle vilja komma dit försökte jag förtydliga. Därmed släppte vi ämnet och fördjupade oss inte mer i det men på Johns mimik förstod jag att svaret troligen inte skulle bli ett definitivt nej om frågan om ledighet kom upp. Eva signalerade att maten var klar och vi reste oss från trassen och satte oss till bords i matsalen. Victoria var nu 10 månader och satt till bords i en barnstol mellan min fru och Eva och verkade njuta av den ivriga uppvaktningen från båda hållen. John sade att vi alla var bjudna på middag hos hans bror Frank och hans fru imorgon söndag. Frank är mycket formell och lite reserverad men innerst inne en godhjärtad man som om han ville förbereda oss på en mindre demon. Om vi är där vid tretiden kan vi gå därifrån vid fem-tiden sade John som verkade nöjd med att han och Eva skulle slippa att själva vara gäster hos hans bror och svägerska. Det blev söndag och vi alla fem åkte i Johns bil till Franks hem. Vi blev väl mottagna i det rymliga huset och att Frank var äldre bror till John och styrelseordförande i bolaget rådde inte minsta tvekan om. Frank bodde nära vattnet även han och innan maten fick vi en drink på terassen och hälsades välkomna i samma stund som en svensk-flaggad havskryssare sakta gled förbi kanske bara något hundratal meter från oss. Händelsen gjorde samtalsämnet vid bordet givet och stämningen blev därmed mindre formell, men långt ifrån uppsluppen. Frank undrade om jag började bli klar med mina analyser och han bad mig presentera dem på nästa styrelsemöte som var utsatt till en lördag om tre veckor och jag försäkrade honom att det var helt i sin ordning.

Kommande vecka tog Tom upp sin förestående australienresa igen och jag berättade för honom om hur jag fört ämnet på tal med John. Tom visade stor glädje över mitt engagemang
Och visade broschyrer och kartor över den väldiga kontinenten. Tom, sade jag, Jag tycker du skall fråga John om ledighet för din resa för den är viktig för dig. Du kan ju inte få mer än ett nej, eller hur? Nej, det är sant, Jag skall fråga honom. Gör det, jag skall hålla tummarna för dig. Det gick några dagar. En av chaufförerna frågade mig om jag ville åka med på en leveransrunda för att jag skulle få träffa deras kunder. Så blev det och där satt vi inklämda i lastbilshytten, chauffören, helpern och jag. Vi

kom iväg och efter någon timme var vi framme hos den första bonden, en grisfarmare. Chauffören tog upp tidningen och började läsa medan helpern slet med fodersäckarna. Att få hjälp av chauffören var inte att tänka på, han hade ju jobbat, han hade ju kört bilen. Nu var det helperns tur att jobba. Jag blev guidad av grisbonden i svinlängan. I den fanns olika avdelningar, från nyfödda kultingar till avdelningar för, enmånaderskultingar, till tremånaderskultingar som snart skulle säljas till en unggrisbonde som skulle göda dem några månader tills slakten närmade sig.Galten Charles hade eget bås givetvis och jag undrade stilla för mig själv varför de döpt honom till Charles men jag frågade aldrig. Honi soit qui mal y pense tänkte jag och log för mig själv. Chauffören tutade vilket betydde att helpern måste vara klar för nu skulle vi åka vidare till nästa ställe. Helpern hoppade vigt in i lastbilen och gav mig en hjälpande hand upp i hytten. På vägen till nästa kund hann vi upp en fåraherde med sin fårhjord med ryggarna blåmålade som egendomsbeteckning. Han drev djuren framför sig och gick själv bakom sin hjord leandes sin vackra häst som utgjorde flockens bakersta djur. Det var en grann syn för nu hade vi kommit upp på en höjd med god utsikt över landskapet där varje liten gård var omgärdad av stenmurar i ett präktigt rutmönster. Det var inga stora gårdar och frågan var om den lilla plätt de hade till sitt förfogande verkligen kunde livnära en familj. Inte konstigt att så många irländare emigrerade till Amerika från fattigdomen under 1800-talet liksom många svenskar också gjorde. På nästa ställe blev vi bjudna på lunch. Det var lax och potatis, ingen sås. Inga grönsaker. Inredningen i hemmet var mager och bestod i princip av ett matbord med kökssoffa och några stolar till. Väggarna var kala så när som på någon kristusbild på korset. Andra väggdekorationer saknades. Familjen hade troligen blöjbarn för på strecket utanför hängde rentvättade vita tygblöjor och fladdrade likt spöken i vinden.

Det var nyttigt för mig att få komma ut på fältet och se hur distributionen gick till och få träffa några kunder. Den irländska fackföreningen hade bestämt att chaufförena endast skulle köra bilen och inte lossa lasten vid ankomsten. Det var helperns uppgift och den arbetsfördelningen gick inte att rubba. No Way! Saken var ju den att värdet på lasten inte täckte kostnaderna för chaufförens och helperns lön jämte kostnaderna för lastbilen. Det blev inget bidrag över till täckande av de fasta kostnaderna i synnerhet inte nu sedan de börjat distribuera till kunder på västra Irland, många mil från Cork. Jag kunde lätt visa på styrelsemötet att värdet på lasten ätits upp långt innan kunden hade nåtts och dessa findings imponerade på styrelsen. Det gällde således att tänka över distributionssystemet.

Hur var det då med tändstiften från Sverige. Jo, en gång när jag kom hem för att äta lunch stod en främmande bil parkerad på vår uppfart. Den hade inga beteckningar på sig utan såg otäckt anonym ut. Mitt hjärta började bulta i en takt som jag direkt kände var olämplig men jag tog mod till mig och klev kavat in genom dörren för att direkt stöta ihop med en man i 50-årsåldern med ister uppsyn Mr Ivarson, I presume sade han i samma stund han som han tog ett steg närmare min fru som hade Victoria på armen. Jag var honom i steget nu med ännu hårdare hjärtslag som jag tyckte borde höras tydligt utanför min kropp. I am from The National security Agency and we have examined this parcel addressed to you. Could you please explain what this is. Han vecklade upp ett litet brunt paket fullt med frimärken och med vårt namn och address prydligt skrivet utanpå. Nu var det snabbt igensatt, skrynkligt och hoprafsat. Att någon undersökt dess innehåll gick inte att ta miste på. I paketet låg fyra tändstift till bilen översända av min svärmor och väl emballerade ifall ifall. Min svärmor gjorde allt mycket noggrant och misstanken om paketets innehåll hade väckt säkerhetspolisens nyfikenhet och nu skulle saken utredas och mottagarna granskas i minsta detalj. Vi förklarade att bilen krånglat och att vi inte fått tag på några tändstift på Irland varför vi vänt oss till våra mödrar i Sverige för att få dem skickade till oss. Vi är tacksamma för att vi fått dem men hade kanske inte räknat med att få dem hemburna, sade jag med ett litet fjäskigt leende på läpparna.Ett försök till skämt. Leendet besvarades inte. Mannen följde med ut till vår illa tilltygade bil och med gemensamma krafter fick vi upp motorhuven och jag räckte honom tändstiftsverktyget som han hanterade nästan lika skickligt som Sam i garaget. Han monterade de nya tändstiften och fick behålla de gamla som en trevlig souvenir. Innan han tackade för sig och körde iväg förklarade han att det gällde att iakttaga stora försiktighetsåtgärder med tanke på de ständiga attentat som äger rum i vårt land. Vi måste vara alerta. Vi förstod det.

Mitt uppdrag var över och vi kunde lämna detta underbara land och folk med mycket blandade känslor. Vad hände då med Tom. Tom hade repat mod och gått till John med frågan om ledighet för Australienresan. John hade förstått att frågan skulle dyka upp endera dagen då han mindes vårt samtal och John ville inte göra Tom besviken utan lämnade honom sitt bifall till ledigheten med orden Good Luck and take Care, you are needed in the business.Tom var överlycklig och sken som en sol. Både jag och min familj gladde oss å Toms vägnar. Han skulle få göra sitt livs resa. Vi hade gjort vår och det var med tårar i ögonen vi sade adjö till Eva och John Jacob, dessa underbara människor som vi kom att tycka så mycket om.

(C) Claes Ivarson

Fivos, taxichaufför

När jag kom till Larnaca flygplats väntade jag mig att bli hämtad som utlovats. Planet landade tidtabellsenligt klockan 21.35 och passformaliteterna gick ovanligt snabbt. Kanske ville tjänstemännen hem till sina familjer eller till puben, tänkte jag. Utanför flygstationsbyggnaden stod några skraltiga bilar, men ingen BMW som jag enligt telexmeddelandet skulle bli hämtad av. Det var becksvart och syrsorna spelade som i amerikanska deckarfilmer och värmen var trots den sena timman både skön och besvärande. Alla världens språk blandades i en härlig kakofoni alleftersom passagerarna vällde ut ur byggnaden. Där gick den saudiarabiske pojkspolingen med hakan som högsta punkt tillsammans med sin mer än underdåniga hustru. Var hon 18 år, kanske 19 eller Herre Gud, hon kanske inte är mer än 14, så späd och barnslig som hon såg ut. Allah vet säkert. Kanske hon också. De gifter ju sig så tidigt i de länderna. Men hon var trots det redan en lady tmen väldigt underdånig föreföll det. Han, maken, hade varit så otrevlig mot flygvärdinnan under resan och hustruns tafatta försök till att lugna den uppskruvade maken hade lätt kunnat sluta i ett präktigt familjegräl om inte stewarden, en välbyggd ung man lagt sig i och dämpat konversationen till en mer sansad och anständig nivå. Den väldoftande engelskan passerade mig med ett litet, nästan osynligt leende på de skickligt målade läpparna. Parfymdoften svävade mjukt förbi min känsliga näsa och retade behagfullt mitt alerta luktorgan. Jag hade fått ett smakprov ombord på planet när hon passerade mitt säte i den trånga gången där hennes doft sprutade in lite västcivilisation bland turkars, grekers, arabers och många andra nationaliteters speciella dofter. Där vaggade den cypriotiska gumman fram med ännu ett snörbandagerat paket där innehållet, trots alla rep och tejpremsor ville smita ut bakvägen. Hennes man gjorde inget. Jo, förresten, han ledde och fördelade arbetet med gester och korta kommandorop medan hustrun och alla barnen stretade och bar paketen. Hans smala och undernärda kropp skulle förmodligen svika honom om han tvingades lyfta något tyngre än flaskan. Nykter var han inte. Cigarretten hängde slappt i ena mungipan och vippade upp och ner i takt med uttalade order. Ingen av stationskarlarna tycktes vara beredd att hjälpa kvinnan med hennes tunga börda som hon så enträget ville stapla ovanpå de andra framburna kollina. Jag skred fram till gummans hjälp med ängsliga blickar på min egna väska som jag lämnat ensam vid ett räcke. Vad gumman och hennes familj hade i väskorna vet jag givetvis inte men någon form av järn måste det väl ändå ha varit. Jag riktigt kände hur varje por sprutade ut sin svett när jag med sammanpressade läppar och medvetet spänd slutmuskel grep mig an paketet. Skjortan som var lite för stor fick en slimline som jag inte trodde var möjlig. Gumman tackade mig med några lakoniska meningar och ett leende som avslöjade en välborstad tand i överkäken och dubbelt så många i underkäken. Vackra tänder är sällan jämna men vita har jag lärt mig av den svenska tandkrämsreklamen. En cypriotisk motsvarighet skulle kunna lyda: "tänder är sällan många men vårda den du har." Mina blickar vandrade från person till person i väntan på den man som skulle hämta mig. En halvtimme hade passerat sedan det tjongade till i mitt pass. Skulle någon hämta mig eller skulle jag ta mig till Limassol själv, undrade jag för mig själv. Vägen är 6–7 mil lång och går på vägar som var moderna i Sverige på trettiotalet, om ens då. Äntligen kom en bil, som jag föreställde mig skulle kunna tillhöra en europeiserad cypriot. Men icke. Bilen var destinerad för den arabiske pojkspolingen som den senaste halvtimman varit föremål för mina spekulationer. Vad kunde han syssla med? Var han på bröllopsresa? Kunde han vara affärsman? Nja, kanske. Han hade i alla fall affärsmannens alla attribut såsom kritstrecksrandigt med breda ränder förstås, svarta blankpolerade skor, guld på fingrarna, guld i mun, guld i blick. Herrdoft för mycket pengar och naturligtvis diplomatväska med sifferkombinationslås, modell mycket tunn. Ju tunnare desto viktigare.

Allt skall vara tunt idag. Plånboken också för den delen bara den rymmer kreditkorten. På känt arabiskt maner satte han sig först i bilen. Hustrun väntade lydigt utanför och övervakade inpackningen av bagaget i bilens koffert. Sedan sidbackade hon ner i bilens baksäte jämte "l 'arab jeune." Efter ytterligare en halvtimma var det ganska tomt utanför stationsbyggnaden.Några rökande tjänstemän och jag. Taxibilarna kom alltmer sällan. En råtta sprang över vägen. Inte speciellt fet men äcklig. Det hade gått upp för mig att skulle jag sova på hotell inatt så fick jag nog snarast ragga upp en taxi, och det kvickt. Nästa bil som stannade var en ljusblå taxi med en krullhårig ung man som chaufför. Han såg inte så farlig ut. Jag bestämde mig för att åka med honom till Limassol. Jag funderade på om han var starkare än jag eller om jag skulle klara av honom om han visade sig vara en skummis. Man är ju ingen hulk precis även om man blåser upp sig framför spegeln ibland, gör några snabba armhävningar och rusar ut till spegeln och läser av resultatet samtidigt som man hoppas att inte alla musklerna skall slappna av och återgå. Av hulken har jag lärt mig att man blir starkare i pressade lägen så jag pressade snärtigt ner mig i framsätet medan chauffören kämpade med min tunga resväska med hjul. Det är det senaste. Infällbara hjul skall det vara. De fungerar minst en gång. "Kanika Twin Hotel i Limassol", sa jag med så manlig och affärsmässig röst som möjligt. Är man internationell affärsman, så är man.OK! svarade chaffisen på bred engelska och spettade in ettan så jag flög djupt in i ryggstödet och där satt jag som en justrad fisk. Gasen hade bara två lägen: fullt och ännu mera fullt. Han körde -ännu- mera fullt. Skulle man vara hans passagerare under 6–7 mil måste man ju prata lite grand. Men han förekom mig och frågade på bruten engelska om jag var engelsman. Man får tacka för komplimangen tänkte jag och försökte låta än mer brittisk när jag avslöjade varifrån jag kom. Aahh, svenskor fliiiicka vacktrast sa han och lade upp ett vrålgarv som mjukade upp stämningen betydligt och lade grunden för samtalsämnet. Jag heter Fivos och prata svensk, fransk, spansk och italien och....så nämnde han sina egna språk grekiska och turkiska. Senare visade det sig att han kunde några få glosor på varje språk och riktigt många på franska och engelska. Tyska talade han flytande och jag inte alls. Vår konversation fick föras på omväxlande franska och engelska. Fivos körde bil som en Formel-1-förare. Enda skillnaden var att han konsekvent körde om både på backkrön och i kurvor. Jag är normalt inte rädd för att åka med andra men nu var jag ordentligt skraj. Jag trevade i mörkret efter säkerhetsbältet men fann till min förfäran att bilen definitivt inte var utrustad med bälten. Det enda bältet som fanns i bilen satt runt Fivos mage. I byxorna alltså. Efter tredje omkörningen på ett backkrön sjönk jag djupare ner i det fjäderlösa framsätet och tog upp mitt handbagage från golvet och satte det i knät. Det skulle i alla fall skydda de ädlare delarna något hade jag räknat ut. På Cypern råder vänstertrafik och med Fivos till höger om mig skulle jag få den värsta smällen i händelse av frontalkollision. Vägen slingrade sig mellan dalar och små höjder. Det var alldeles kolsvart ute. Endast bilens strålkastare avslöjade vägens existens. Mötande bilar hade ofta parkeringsljuset tänt varför de mycket oväntat dök upp vid de flesta tillfällen. Hastighetsmätarnålen pendlade mellan 60 och 90 mph vilket var mycket med hänsyn till vägens beskaffenhet. Vid ett tillfälle när Fivos med en reptilsnabb manöver klarade oss från att köra in i en åsnebak berömde jag honom med darrande röst för hans reaktionssnabbhet. Det gladde honom ofantligt och i samma veva försökte han pressa gaspedalen genom bilens bottenplatta. Fan vet om han inte lyckades för nu gick det undan värre. Han pressade bilen till det yttersta när han gick in i en vänstersväng, växlade ner till en lägre växel och drog på för fullt upp för en backe. På krönet såg man ett rött ljus försvinna precis i samma ögonblick som vi själva var uppe på krönet och framför oss fanns en stor turistbuss med kraftig slagsida och med dieselavgaserna utspyendes på ena sidan. Det luktade förfärligt och kväljande. Nu gick det utför med rasande fart och Fivos ökade på ännu mer. Bussen också. Lite längre ner i backen kunde man knappt urskilja två lyktor. Fivos styrde ut bilen för att passera bussen som av egen tyngd och backens lutning fått upp farten rejält. De mötande lyktorna hade plötsligt blivit riktigt stora. Med helöppna sidorutor passerade vi bussen som pumpade in sina tunga avgaser i vår lilla kupé.Både Fivos och jag hostade ikapp. Ja, vi var i jämhöjd med bussföraren då vi plötsligt

hörde ett jättevrål då däcken slets mot asfalten och bussen försvann bakåt.
Det skall vi idag vara glada för, för bussföraren hade upptäckt att vi inte
skulle ha hunnit förbi honom innan vi fått möte med de två lyktorna som
visade sig vara en stor lastbil. Fivos styrde mellan fordonen med ett lugn
som på ett sovande barn. Själv satt jag som förstenad med fötterna kram-
paktigt bromsande i golvet och kroppen stel som på en död. Pulsen måste
ha varit mogen för Guiness Rekordbok och mitt ansiktsuttryck likaså.
Busschauffören måste ha osat svavel för han blinkade länge med sitt hell-
jus efter oss. Tutan fungerade antagligen inte. När jag samlat mig tänkte
jag tillbaka på min barndom och gick i söndagsskolan och fick lära mig
fader vår. Hur var den nu?

Fivos vår som är i bilen
Helgat vare ditt sätt
Tillkomme mig din snabbhet
Ske din vilja såsom i bilen
Så ock på vägen
Mitt framtida liv giv mig idag
Och förlåt mig min ängslan
Såsom och jag förlåta din körning
Inled mig icke i frestelsen
Att ta din ratt
Ty ratten är din och bilen
Och Cypern och min fortsatta
Hälsa. Amen

Där ser du sade Fivos, hur snabb jag är. Du är väl inte rädd? Jag är inte
rädd, jag är skräckslagen. Fivos svarade inte men sänkte farten till en be-
haglig promenadtakt. Rallyatmosfären löstes upp och en normal konver-
sation kom igång som var mycket intressant. Det visade sig att Fivos var
en före detta vattenskidkung som innehade många mästartitlar i denna
ädla sport. Han var också ett offer för kriget mellan Turkar och Greker
och hade svårt att återvända till Famagusta på den turkiska sidan. Han

hade varit en sportkung, en man såg upp till, en man ville likna. Men det gällde på den turkiska sidan. Här, på den grekiska var han ingen, totalt okänd. En Mr Nobody. Allt han hade var en taxibil. Förut hade han haft en vattenskidskola och en liten flotta med båtar som han hyrde ut till turisterna. Men jag kommer tillbaka, sade han med en skärpa i tonen som ingen skulle komma på att ifrågasätta. Jag skall åter bli en som folk ser upp till. Jag heter inte Fivos för inte heller. Klockan halv ett släppte han av mig vid Kanika Twin Hotel, tog emot 30 dollar och försvann. Och vem står inte i receptionen om inte den världsvane araben och hans hustru. Dagen därpå vaknade jag med en präktig nackspärr som förvandlade mig till en gammal gubbe efter endast fem timmars sömn.

Äventyr i Zambia

Jag landade i Lusaka och planet taxade in till sin anvisade parkeringsplats. Vid inbromsningen neg planet som för att hälsa värdigt på flygplatsen. Ett militärfordon med massor av kamouflageklädda militärer körde fram till den i all hast framrullade nedgångstrappan. Flygplansdörren öppnades med en liten, nästan ohörbar knorrning och in svepte den afrikanska luften kryddad med doft och hög luftfuktighet. Jag vädrade med näsan och tänkte, jaså, det är så här Afrika luktar. Den höga luftfuktigheten svepte in i kläderna, dränkte mig och jag satt fast i skjorta och kalsonger. Det enda jag längtade efter var att snabbt få komma till hotellet, duscha och byta till torra och rena kläder. En flygplatsbuss väntade nedanför flygplanstrappan. Vi hade knappt kommit in i bussen innan motorn brummade igång och bussen sattes i rörelse. En knapp minut senare var vi framme vid stationsbyggnaden. Passkontrollen gick smidigt och strax såg jag min kontaktperson, Mr Spence, som stod och höll en stor skylt framför sitt bröst med mitt efternamn skrivet på. Vi hälsade på varandra och gick till hans bil. Min resväska tog Mr Spence i sina kraftiga armar som om han aldrig gjort annat än burit väskor och det var han van vid, fick jag höra sedan. Han körde mig till hotell Intercontinental och lovade att hämta mig om några timmar. Han skulle i mellantiden åka till sitt kontor och administrera och låsa kontoret. Mr Spence var ursprungligen sydafrikan men sedan flera år bosatt i Zambia några mil utanför huvudstaden Lusaka. Han var en riktig äventyrare och hade gjort sig en mindre förmögenhet på att jaga krokodiler. Efter några timmar ringde telefonen och det var Mr Spence som sade att han skulle hämta mig om en timme. OK? Javisst. Jag är klar om en timme. Fine. See you then. Byebye.

Jag gjorde mig raskt klar och gick ner och satte mig i receptionen och väntade med ett glas juice i handen. Folk av alla nationaliteter och hudfärger kom och gick i en strid ström. Det kändes skönt att få en stund för mig själv och sortera alla intryck jag hittills samlat på mig, och bara betrakta alla människor i lugn och ro, utan stress och krav. En hotellobby är en kosmopolitisk oas och ger så många härliga intryck som lätt kan sätta fart på fantasin. Efter en stund kom Mr Spence och föreslog att vi skulle åka hem till honom så att jag fick träffa hans fru och se hur han bodde. Javisst, så kan vi göra. We can talk business tomorrow, sa Mr Spence och det hade jag inget emot. Det var fortfarande ljust ute och iväg åkte vi i hans Peugeot. Peugeot var det dominerande bilmärket på gatorna varför man skulle kunna tro att det fanns en sammansättningsfabrik i landet för det bilmärket men så var det inte fick jag lära mig

Snart var vi ute på landsvägen och såg kvinnor och barn i de mest färggranna kläder vandra utmed landsvägen. Deras klädsel kontrasterade vackert till deras mörkbruna ansikten och bara armar. Deras kroppshållning var vacker och de balanserade skickligt sin last på huvudet. Tänk vad rätt att belasta ryggen med bördorna och inte som vi västerlänningar, bära tunga saker i armarna. Jag undrar just vem det är som är u- och i-länder. I fråga om att bära rätt är det definitivt naturfolken som bär smartast. Vad kan vara mer rätt än att belasta ryggen med bördan och ha armarna fria? Tänkte jag.

Plötsligt sktar Mr Spence ner farten. En halvdöd kobra tar upp halva vägbanan. Den är överkörd men rör sig krampaktigt, slår med stjärten i vägbanan utan att komma undan. Jag ryser vid åsynen av detta dödliga ormelände som även i sitt oskadliggjorda skick inger respekt och väcker obehagskänslor. Och det var detta kräldjur som Cleopatra lät bita sig när hon bestämt sig för att dö, på faraonernas tid. Vi fortsätter färden mot Mr Spence boende och a propå ormen berättar Mr Spence att det är gott om ormar där de bor, mest mambor. Det var kanske inte det mest upplyftande och nervlugnande jag kunde få höra just då och med kobran i färskt minne. Mambor är ett djävulskt djur eftersom de är så aggressiva och i ursinnigt tillstånd till och med kan gå till attack och gör det. Den svarta mamban är inte alls svart men om den gapar är gapet svart därav benämningen. Jag misstänker att min åsna blev biten av en mamba för den låg död i sin hage härom dagen och det var inget rovdjur som dödat henne. Jag kan inte påstå att denna ytterligare information gjorde att jag hoppades att vi skulle vara framme snart – tvärtom. Det fick gärna ta tid, extremt lång tid, för i bilen kände jag mig säker för naturens alla krälande faror. En kort stund senare svängde Mr Spence av från huvudvägen och in på en mindre grusväg. På den färdades vi bågra minuter för att till slut stanna vid en stor vitrappad byggnad med halmtak på. Gräsmattorna var välklippta och kanterna ansade. Det var en riktig oas. Vattnet i poolen skimrade i turkos och låg stilla i väntan på besökare. Trampolinen skuggade ytan och avtecknade sig i poolbotten som en lång bräda. Mrs Spence kom oss till mötes och hälsade mig välkommen "to our paradise". Solen var på väg ner och skymningen kom närmare. Solen sjönk snabbt och på mindre än en kvart var det rejält mörkt för att inte säga kolmörkt. Det är lite ovant för en svensk som är van vid långa ljusa kvällar där ljuset envist hänger sig kvar märkbart redan i slutet av januari eller också vill vi att det skall vara så. Jag var klädd i ljusa byxor och mörkblå kavaj, vit skjorta och svarta välpolerade loafers, stadsklädd, samtliga plagg i djup kontrast till den lantliga omgivningen om det inte var ett cocktailparty jag var inbjuden till och det var det ju inte. Mr Spence var ingen cocktailmänniska men hans fru var det. Hon skulle varit den självklara mittpunkten på ett gardenparty, både som gäst och värdinna. Hur de fattat tycke för varandra var en sak jag funderade mycket på. Det fanns ju andra udda par: Biffen och bananen, Fyrtornet och släpvagnen Selma och Fridolf och uppenbarligen Mr and Mrs Spence. Efter ett tag i den ljuvliga trädgården med cikadorna ljudligt ackompanjerande till vår lågmälda konversation gavs ett diskret tecken att det var dags att gå in i huset. Nu var det rejält mörkt. Vi satte oss i en större hall och drack en öl och fortsatte vårt samtal. Mrs Spence försvann in i ett angränsande rum och snart hördes det typiska ljudet när tallrikar sätts på bordet och bestick grävs fram ur någon låda. Efter ett kort ögonblick reste Mr Spence på sig och bad mig stiga in i matsalen. Jag anvisades en plats mitt på långsidan av det stora ovala matsalsbordet. Mrs Spence satte sig vid bordets högra kortsida och Mr Spence på den vänstra, mittemot hustrun. För att artigt konversera med dem var jag tvungen att vrida huvudet 90 grader för att vid nästa replik vrida huvudet 180 grader åt andra hållet. Det blev med tiden lite jobbigt men jag lyckades uthärda. Det måste ha sett ut som när publiken på en tennismatch synkront följer bollen från ena sidan till andra i en snabb slagväxling mellan två likvärdiga spelare. Efter en stund sträcker sig Mrs Spence över bordet, greppar en liten mässingsklocka och ruskar frenetiskt på handen och åstadkommer ett rejält klockljud som tränger igenom allt. En svängdörr öppnas och ut kliver en svart bjässe i oklanderligt vit kockmundering och stegar fram till mig och lägger upp mat på min tallrik. Jag tackade honom diskret och tyckte att jag fått uppleva en fläkt av 1800-talet då landet koloniserats av engelsmännen. Gud, vad förnedrande tyckte jag men insåg att tillfället var illa valt för moralsnack. Mrs Spence agerande föreföll bara vara ett naturligt inslag i deras normala vardag. För mig var det en helt ny upplevelse, en tidsresa bakåt. Den svarte mannen återvände glad till köket efter att ha serverat mig och paret Spence. Efter middagen, som för övrigt smakade ljuvligt till det sydafrikanska vinet, satte vi oss i ett mindre rum och fick kaffet serverat av kocken/servitören. Jag satt även denna gång mellan makarna Spence och Mr Spence berättade om när de rest till Sverige och hustrun skulle ha med sig sina kläder. De rymdes inte i en resväska, ens av större format utan hustrun propsade på att få ta med sig en koffert. Mr Spence hade naturligtvis protesterat men hustrun hade avvisat protesten med att hon inte kunde gå naken på stockholms gator och att det naturligtvis måste finnas bärare på stationen. De skulle åka tåg från Göteborg till Stockholm No, darling, there are no porters in Sweden nowadays. You can't even find them in England any longer. Så det hade blivit den stackars Mr Spence som fått bära och kånka på hustruns bagage. Att Mrs Spence kom från andra förhållanden än sin make rådde det inga tvivel om. Hon berättade om sin uppväxt i Highgate i norra London med hembiträden, chaufför, trädgårdsmästare och annan assistans som bättre bemedlade hem och familjer var vana vid. Dagarna i londonhemmet bestod av hemstudier i litteratur, samtal med likasinnade och pianolektioner. Det var som ett tvärsnitt ur Jane Austens romaner om överklasslivet i England på 1800-talet och nu satt jag på parkett och fick uppleva det live. Hon hade blivit stor beundrare av den unge krokodiljägaren som kommit in på ett hotell i Johannesburg för att släcka sin törst i baren och där satt den blivande mrs Spence i samma syfte.

Tycke hade uppstått och nu 30 år senare hade de bosatt sig utanför Lusaka i Zambia, fått fyra barn och levde gott på de produkter som Mr Spence importerade från Europa. Mrs Spence tillbringade dagarna i trädgården och vid poolen. Vid ett tillfälle skulle hon skörda ärtor, berättade hon och drog fram en grön mamba med ettstadigt tag om ormens stjärt. Ett gällt skrik följde och en handryckning varpå ormen flög i en elegant parabel, långt utom hugghåll. Mrs Spence omhändertogs i sitt chockade tillstånd, av den svarta personalen som alltid var närvarande och som fått bygga sina bostäder i trädgårdens eller rättare sagt markområdets utkanter ganska långt från Mr och Mrs Spence maffiga hus. De svarta hade det förhållandevis bra jämfört med många andra svarta i Afrika. Makarna Spence sade aldrig något nedsättande om sina svarta. De hade fått rejäla fält att odla på och barnen undervisades av mrs Spence som på detta sätt bedrev egen u-hjälp. Hon var klart road av sin undervisning och njöt av barnens framgångar. Det var främst läsning och skrivning men även räkning som stod på schemat och undervisningen. Det var också mycket sång och musik. Mrs Spence spelade piano och berättade med stolthet i rösten att barnen var riktigt duktiga i skolan. Barnen fick dessutom mat av familjen Spence så även den lekamliga spisen tillgodosågs barnen, inte bara den andliga. Mr Spence jagade fortfarande dock inte krokodiler utan mer gaseller och impalor, torrfoder som han skämtsamt kallade det. De svarta hade det bra i hägnet av familjen Spence, åtminstone fick jag det intrycket. Det var bara den lilla bordspinglan jag inte kunde förlika mig med och som jag tyckte verkade högst förnedrande. Mr Spence berättade vidare om olika händelser som inträffat och sade att i förra veckan när de haft en engelsman på besök hade de gått till hagen i vilken åsnan befunnit sig och för att komma dit var de tvungna att gå under ett stort och yvigt buskage. Mr Spence hade gått först med engelsmannen tätt i hälarna. Plötsligt ropar gästen till och mr Spence vänder sig om och får se att en grön mamba ramlat ur buskaget och hängde över gästens axel med halva kroppen utmed gästens bröst och halva utmed ryggen. Mr Spence hade tagit ett tigersprång och ryckt ner ormen med en häftig handrörelse. Ormen försvann i en bågrörelse och den stackars gästen fick försöka klara sig från chocken så gott han förmådde. Ett ormbett i halsen av en grön mamba hade varit lika med döden dels för att ormen är så extremt giftig dels för att det skulle ta relativt lång tid att komma under kvalificerad sjukvård. Nu kom han undan med blotta förskräckelsen och den skulle nog behöva en vårdinsats den med. Mr Spence berättade på tal om ormar att det under natten varit bråkigt och oroligt bland de svarta där de bodde. En kvinna hade kommit i bråk med sin make och rusat ur deras hus för att kissa. Hon hade hukat sig och gjort sitt behov på gräsmattan, olyckligtvis hade hon hukat sig över en puffadder som reagerade direkt och högg henne i skinkan. Tack vare att hon suttit på huk och därmed spänt skinnet hade ormens bett bara rispat henne i baken. Hon hade rusat till makarna Spence's hus och bankat frenetiskt på dörren. Mr Spence hade öppnat dörren med vapen i hand varpå den rispade kvinnan föll i gråt och berättade vad hon varit med om. Mr Spence hade tagit kvinnan i armen och föst in den chockade kvinnan i bilen insvept i en filt och kört direkt till sjukhuset i Lusaka. Läkaren satte in nödvändig behandling och lyckönskade kvinnan för hennes tur att "bara" bli rispad av bettet. Ett direkt hugg i baken kunde förmodligen varit dödande. Nu kom hon undan med två skrapmärken efter ormens gifttänder och chock och det är minsann inget att leka med det heller.

När vi sitter där och småpratar förnimmer jag i ögonvrån en rörelse i vinkeln mellan väggen och taket, en rörelse som växer sig större och större. Jag tittar på mrs Spence som sitter helt lugn och läppjar på sitt kaffe. Mr Spence däremot ser att jag inte längre är koncentrerad på samtalet och, också mr Spence ser den decimeterlånga ödlan som sakteliga rör sig nedför väggen. Don't worry mr Ivarson, lizards inside, no spiders. Lizards are very friendly. That's the rule. Jag svalde så det ekade tyckte jag och lät lugna mig.Vi drack ännu en kopp och sedan körde mr Spence mig tillbaka till hotellet där jag kunde vila ut utan vänliga ödlor i omedelbar närhet. Vi bestämde träff tidigt nästa morgon då vi skulle åka båt på Zambezifloden. Jag sov bra på natten utan drömmar om ormar och andra otrevligheter. Det var så skönt att få vara ensam en stund och parkera alla intryck i deras respektive fack och sedan invänta sömntåget och bara flyta med in i John Blunds underbara värld. Nästa morgon gick jag tidigt ner till restaurangen och åt en rejäl engelsk frukost i lugn och ro. Jag tog god tid på mig och njöt både av ensamheten och maten. Som gammal kolonialmakt låg det engelska inflytandet som cementerat i allt, inredningen, maten, baren, språket givetvis och över huvud taget hela miljön och atmosfären. Mr Spence skulle hämta mig och jag gjorde mig klar så att marginalerna var på min sida. Jag tycker inte om att vänta på någon men heller inte att någon skall behöva vänta på mig. Nu var det en kvart kvar till mötet och jag var hämtklar och kunde bara vänta in honom och här kom han klädd i kahkimundering och eftersom jag var klädd likadant såg vi ut som far och son. Vi åkte hem till honom igen och skulle gå samma väg som han gått med sin vän från england som fick ormen över axeln. Jag kände en djup skräck gripa tag i mig men jag ville inte verka mesig och följde därför så tätt inpå Mr Spence att jag nästan trampade honom på hälarna men den omedelbara närheten ingav en viss trygghet. Vi passerade buskaget där ormen föll ner och jag höll ihop min kahkijacka så hårt att ingenting skulle kunna falla ner mellan nacken och skjortan. Där var hermetiskt tillslutet. Det var knappt jag fick tillräckligt med luft att andas men det var inte så viktigt just då. Vi traskade på och kom ut ur buskaget och jag kände en obeskrivlig lättnad. Jag vågade inte ens vända mig om och titta mot busksnåret utan blicken var dels fixerad på marken framför mig dels på att avståndet till mr Spence inte blev för stort.

Senare på dagen tog vi oss ner till Zambezifloden och gick ut på en liten hemmagjord brygga bestående av två plnkor som lagts ut från flodbädden och förankrats i en bräda som spikats fast i två pålar som slagits ned i vattnet någon meter eller två ut från strandkanten. Via denna skrangliga brygga hoppade vi ombord på en lång träbåt med utombordsmotor i aktern. Mr Spence satte sig i aktern och jag i mitten av båten. Han drog igång motorn och den spann lika tryggt som en vildkatt och gav lite civilisationsljud till det i övrigt stillsamma landskapet. Han vände båten och vi åkte ett stycke uppströms tills vi passerade några flodhästar som låg i vattenbrynet och gonade sig. Flodhästar är ganska fredliga djur som gärna betar sjögräs men som samtidigt kräver att få vara i fred och vi tänkte inte störa dem i onödan, utan vi körde vidare och utökade avståndet till dem. Vi ville inte komma dem alltför nära och precis när båtsidan efter en sväng låg i strömriktningen stannar motorn med en suck. Mr Spence som just tänt en cigarett lutade sig över motorn och började meka med den. Motorhuven åkte av och det började lukta bensin. Jag tänkte att bensin, dallrande värme och cigarrettrökning var en riktigt olycklig kombination så jag flyttade mig så långt fram i fören det någonsin var möjligt att komma utan att trilla i och det var trots allt inte så långt men båten hade givetvis en bortre gräns och där klängde jag mig fast och väntade på smällen;som om det var enda räddningen i världen. Hade det smällt kanske jag fått en luftfärd i någon riktning och landningsplatsen såg inte inbjudande ut oavsett riktning. Jag såg faror överallt. Trots idoga försök ville inte motorn starta och vi gled sakta nedströms. Vi närmade oss flodhästarna där den ena öppnade sitt jättegap och visade sin kraftiga hörntand. Det var inget välkomnande leende precis Jag tänkte att om det smäller här och nu, vart skall jag då ta vägen, inga andra båtar syntes till och inga människor eller bosättningar fanns att se utefter flodstranden. Om det smällde skulle vi ligga riktigt illa till och jag kände hur paniken grep tag i mig. Skulle jag någonsin få återse min fru och lilla dotter eller skulle jag omkomma på Zambezifloden som lunchmat till en krokodil. Jag fick anstränga mig till det yttersta för att återfå kontrollen över mig själv och plötsligt hör jag ett underbart motorljud från utombordaren och ett jiipii!! I made it!!-vrål från mr Spence som lyckats få igång den förbannade motorn. Det var en sådan otroligt befriande känsla. Vi styrde in mot den lilla bryggan och strax därpå kände jag fast mark under fötterna vilket är en komplimang till bryggan men den utgjorde likväl mer fast mark under fötterna än vad den vingliga båten gjorde. Vi gick i snabb marsch från floden och med mr Spence bostad som mål. Väl komna dit blev vi serverade en kall öl och jag kan inte rättvist beskriva hur gott den smakade. Efter ölpausen körde Mr Spence mig tillbaka till hotellet där jag gick raka vägen upp till mitt rum och lade mig på sängen för en välbehövlig vila. Det kändes skönt att koppla av för mig själv utan krav på aktiviteter. Jag låg en bra stund och reflekterade över vad jag hittills varit med om och vad som faktiskt kunde ha hänt. Det kändes enormt ensamt, ingen att dela min ängslan med. I övermorgon skulle jag fortsätta min resa till Sydafrika där jag skulle träffa en annan affärsbekant. Jag bestämde mig för att ta en dusch och klä om och gå ner till restaurangen för att äta middag. Telefonen ringde när jag precis fått på ena byxbenet och med halthoppande steg tog jag mig till telefonen på skrivbordet. Det var mr Spence som undrade om jag ville se minnesmärket i Ndola där Dag Hammarskjöld hade omkommit. Han var väl svensk, undrade mr Spence. Jo, han var svensk och en man jag starkt beundrade för hans diplomatiska talang, lågmäldhet och kraftfulla sätt att agera på internationellt. Hammarskjöld blev tidigt min förebild och jag ville bete mig på samma sätt som han och självklart ville jag se minnesmärket. Det ligger i Ndola men det tar inte så lång tid att åka dit. Jag hämtar dig imorgon runt elva-tiden. Visst, gärna det, jag är klar då.

En kvart före utsatt tid ringde receptionen och meddelade att mitt besök anlänt. Jag var strax nere i vestibulen och mötte mr Spence. Vi satte oss i bilen och körde en stund och efter bara några minuter hade vi lämnat Lusaka bakom oss. Det var som vanligt mycket tutande trafik och annat gatularm och en oändlig ström av vandrande människor med sitt bagage balanserande på huvudet. Barnen sprang med sina käppar och ringar under stoj och skratt och deras tänder lyste i bjärt kontrast till deras bruna hudfärg. Trots fattigdom verkade de lyckliga. Några av barnen skulle nog till skolan klädda i blå kjol repektive byxor och kritvita skjortor. Det blev täta stopp i trafiken och då ökade tutandet till ett larm på plågsam hörselnivå. Vi kom igenom trafikinfarkten och satte kurs mot Ndola. Vi hade nog inte kört mer än en kvart innan sex kamouflageklädda soldater klev ut ur skogen, hoppade över ett dike och ställde sig bredbenta på vägen med lyftad hand till stopp för oss. Mr Spence stannade bilen och klev ur. Jag gjorde likadant på min sida och gick bakom bilen fram till Mr Spence och gruppens ledare som var i samspråk. Åh Herre Gud, vad skall hända nu, tänkte jag och kände att hjärtat bultade frenetiskt i bröstkorgen. En känsla av illamående satte sig i magen liksom ett tecken på yrsel snurrade i huvudet. Gruppen var tungt beväpnad med kraftiga gevär med träkolvar och smala dödliga pipor. Jag har ingen aning om vad vapentypen kallas ointresserad som jag är av allt vad skjutvapen heter. Alla möjliga tankar for kors och tvärs genom hjärnan och jag kände ett stort behov av att bara skrika ut min ångest men lyckades mot alla odds ta kontroll över mig själv och låtsas som jag var hur van som helst i sådana här situationer. Jag kanske skulle kunna duga som skådespelare. Mr Spence talade med dem på deras språk, ett språk jag överhörde men inte fattade en enda stavelse av, och öppnade bagageluckan som de pekade på med gevärspipan, för inspektion. Deras ledare förde snacket medan de andra ställde sig i någon slags vaktposition med vapnen skjutklara. Jag kände hur jag darrade i benen och hur torr jag blev i munnen. Jag var lika spänd som en fiolsträng och visste inte riktigt var jag skulle fästa blicken. Det gällde ju att inte utmana eller provocera på något sätt vilket en felaktig blick kan göra. Om de skjutit ner oss och slängt in våra kroppar i buskaget skulle ingen hitta oss på länge om ens någon gång och det skulle ta lång tid innan det hela klarades upp om det över huvud taget skulle bli känt. Efter en stund hördes till slut ett bullrande skratt från befälet som Mr Spence talade med på ett för mig obegripligt språk men stämningen lättades upp och en sista titt i bagaget var kulmen på stoppet och vi fick åter sätta oss i bilen och köra iväg. Jag vände mig försiktigt om och såg att truppen stod samlad en stund för någon intern överläggning. Sedan återvände de till skogen igen och min lättnad förbyttes i ett förlösande gapskratt. Jag kunde inte hejda mig utan fortsatte att skratta som en besatt. Det är väl så nerver fungerar när de varit på helspänn och pressats till sitt maximum under lång tid. Mr Spence föll snart in i skrattet och där satt vi och skrattade medan vi avancerade tillbaka mot Lusaka och civilisationen. Dagen därpå åkte jag till Sydafrika för två dagars besök och sedan hem till Sverige. Jag kände en otrolig längtan att få trampa svensk mark och vara i sällskap med min familj. Just då tyckte jag flygplanet rörde sig extremt långsamt i lufthavet. Jag hoppades på lite turbulens så att något hände.

1/ Dag Hammarsköld blev FN´s generalsekreterare 1953 efter det att Tryggve Lie avlidit. Dag Hammarsköld omkom under ett uppdrag i Afrika 1961.

(C) Claes Ivarson

At least, At least

På flygplatsen i Johannesburg tränger sig en rödbrusig man fram mot gaten utan synbar hänsyn till andra medresenärer. Irritation uppstår naturligtvis bland de köande men någon argumentation av allvarligare och ljudligare karaktär uppstår inte. Några beväpnade vakter betraktar det hela på håll, avvaktande händelseutvecklingen men har full kontroll över situationen. Stämningen är spänd och ansträngd; det ligger en laddning i luften, som strax före ett åskväder. Plötsligt ingriper vakterna och går bredbent och långsamt fram till den upphetsade mannen som säger: "I am a Swede, don't touch me", en närmast fånig kommentar som skarpt replikerades med "We don't take orders, We give them". Vakterna fnyser nonchalant, tar några steg bakåt men ägnar i övrigt ingen större uppmärksamhet åt mannen. De har full kontroll, känner sin makt, behärskar situationen, är vana att bli åtlydda. Mannen uppmanas, nja snarare beordras att ställa sig sist i kön och med blicken fixerad mot vakternas beväpning och bistra uppsyn går den rödbrusige motvilligt med protesterande steg iväg. Demonstrativt långsamt. Det har han inget för. Vakterna förhandlar inte, deras order är lag. Mummel i kön uppstår. Vakterna skärper tonen: Move! Go! Now! Now! och pekar mot köns sista plats med de svarta vapnen de har i händerna. Mannen släpar sig dit medan vi andra, nu med något högre puls, äntligen får lov att borda planet. Jag går ombord med bultande hjärta och får hjälp av en flygvärdinna att hitta min plats. Jag sjunker ner i sätet, blundar och försöker slappna av och drar några djupa andetag i försök att snabbare lugna ner mig. Snett framför mig, vid fönstret, sitter en engelsman, korrekt klädd i mörkblå kostym med väst, vit skjorta och slips trots den olidliga värmen, klädd som engelsmän brukar vara i affärssammanhang. Jag skulle bli förvånad om inte hans skor var svarta och välputsade men min blick når dem inte. En svettdroppe lämnar hårfästet på honom och sugs upp av skjortkragen. Med ett lätt buller och brak tränger sig den rödbrusige svensken in i gången med handbagaget framför sig som en kofångare och mer eller mindre kastar sig ner i sätet jämte engelsmannen som bevärdigar honom med en lätt huvudvridning av förvåning men utan kommentar. Huvudvridningen talade för sig själv. Den rödbrusige säger halvhögt och befriande: AT LEAST, AT LEAST! Engelsmannen vrider åter på huvudet mot sin granne med ett ansikte fullt av förvånad uppsyn och säger. ”You mean of course AT LAST, I presume, don't you?” Den rödbrusige hummade lite grand för sig själv och sjönk djupt ner i säkerhetsföreskriften han fiskade upp ur ryggstödsfickan framför honom, ignorerande tisslandet och tasslandet i det omedelbara grannskapet, förmodligen ovetande om att swede på engelska betyder kålrot på svenska, ett faktum de flesta av medpassagerarna säkert kulle hålla med om. Om denna kålrot, under en resa i England, skulle bli sugen på en glass, skulle han säkert uttrycka sig på följande sätt:

” give me a glass!”

” I beg you pardon sir.” “Do you mean an icecream?”

“Yes, give me one”

“Which one?”

“Give me a robbery and two bullits!”

“hum?”

What flavour do you prefer sir”frågar glassförsäljaren och sveper med handen över de olika glassbyttorna.

“Give me one with earthmen and one with caycayo”

“Ah, one strawberry and one choklate I presume,”muttrade den luttrade glassförsäljaren och log för sig själv.

(C) Claes Ivarson

Grenoble

Nu sitter jag på himlens golv och blickar lugnt ner över dalen. Ett kompakt moln, veckat som bomull, täcker dalgången och hindrar en del av oväsendet från motorvägen att nå oss. Min himmel ligger på 1700 meters höjd över havet och solen lyser intensivt; en sol som inte kan tränga igenom molntäcket och värma upp dalen. Den har en annan glöd idag än för bara en vecka sedan. Mitt lugn har spridit sig till alla delar av kroppen, min själ har fått ro. I horisonten sticker snöklädda alptoppar uppkäftigt mot himlens höjd och tigger stryk. Bergen är lagrade, lager har lagts på lager, staplat av naturen. Trots sin mäktighet ser de ändå inte kraftfulla ut. Den bohuslänska graniten verkar på något sätt tryggare, mer solid. Men varför jämföra. Mäktigheten finns där ändå. Jag sitter på en terass en bit upp i backen. Förutom värdfolket är jag ensam. Deras närvaro ger mig tillräckligt sällskap. Inte behöver jag tala idag. Idag kan jag lyssna, höra andra människor samtala med varandra. Och kontemplera – det räcker. Det är egentligen lyxigt att utan krav bara få ägna mig åt mina egna tankar och reflexioner över tingens ordning. Naturens tystnad bryts av värdens inkallande av sin hund. ICI vrålar han och hunden kommer om än motvilligt. Vem är han, han i den röda dunjackan, han som skriver i sitt block och dricker un café au lait. Ett nyanlänt pars bordskonversation pågår lågmält med underluggblickar åt mitt håll men utan att engagera mig i deras konversation. Jag hör vad de säger men förstår inte allt. Lika bra det. Stolliften till höger om mig går ljudlöst. Hade jag inte sett den i ögonvrån skulle jag aldrig ha märkt den, så tyst går den. Ingen åker vare sig upp eller ner. Backarna är fläckvis bara. Skidåkning är inte att tänka på. Folket har valt att stanna hemma. I normala fall skulle det krylla av folk i olika skidmunderingar och med stoj och stim från barn som just kommit på knepet med parallellsvängens mysterium. Men nu gapar parkeringsplatsen tom. En grupp barn har funnit en snöplätt där de intensivt tränar att åka mellan uppställda stavar. Uppsluppenheten är stor, ljuden och glädjen uttrycker lycka. Från min tron ser jag flera liftar, stillastående, orörliga som metalliska monster av människans uppfinningsrikedom. De är fula ingrepp i naturen, men vem vill gå uppför backarna. Det var svettigt att gå de cirka 200 meter som jag avverkade. Le garcon på mitt vanliga matställe kände igen mig, mig med den röda dunjackan och ullfällen under armen och idag med block och penna. Vem är han? Vad gör han? läser jag i hans ansikte. Ja, vem är jag egentligen? Vad skall det bli av mig? Det tål att fundera på. Ett måste jag dock erkänna. Jag har det bra. Jag är privilegierad. Jag har fyra dagar kvar här, sedan åker jag hem i sakta tempo. Kanske åker jag via Geneve för skoj skull. Det var länge sedan jag var där, så varför inte. Kursen i franska ger inte riktigt det jag hade tänkt mig och då blir tid och pengar dyra. Jag är fostrad att spara men samtidigt att vara generös. Hur går det ihop? Vid närmare eftertanke gör det nog det. Mina tankar landar hos mor. Vad fick hon egentligen ut av livet? Mor som uppoffrade allt för sina två barn, för sin mor och far och sitt arbete och chef. Fars bortgång tog henne hårt. Vi hade det materiellt bra, bodde i hus med sju rum och kök och ibland tjänstefolk. Allt skulle vara elegant och flott och var det också. Men varför skulle vi bo så stort för. Andra fick nöja sig med mindre och det verkade fungera men det kanske det inte gjorde. Nöden var stor även på fyrtiotalet men vi märkte inte av den på samma sätt som många andra tvingades göra. Det som köptes var av god kvalitet. Kvalitet gick alltid före kvantitet. Tyvärr var det inga djupare diskussioner i vår familj. De förde jag med min moster. Mor köpte dock alltid böcker men saknade tid att läsa dem. Tur för mig. Jag fick hela biblioteket för mig själv men saknade en nära diskussionspartner. Mina kompisar hade inget intresse för litteratur, för dem gällde bara fotboll. Jag spelade också fotboll men fick sällan plats i laget. Jag saknade talang ansåg de andra och tillskrev därmed sig själva som ytterst talangfulla utan att egentligen behöva säga det. Desto mer förvånad blev jag när jag ombads att vara med i ett riktigt lag. En man saknades och jag fick ta hans plats. I halvlek fick jag mycket beröm för min insats, av lagledaren. Du har en naturlig talang, sade han. Det hade ingen annan sagt förut. Jag råkade göra mål genom att bollen av en händelse träffade min fot och ändrade riktning, otagbart för målvakten. Jag höjdes bokstavligen till skyarna. Lagledarens ord vägde tungt i mina öron, långt tyngre än kompisarnas. Jag växte. Var de månne avundsjuka? I fortsättningen tränade jag med det riktiga laget och i serien fick vi pris. Men var egentligen fotboll mitt intresse? Nej, verkligen inte. Varför kommer dessa tankar upp nu? På denna höjd? Är det måhända just altituden som framkallar nostalgin? Jag erinrar mig mina resor i världen att just höga höjder framkallar hos mig andra tankar än de jag normalt har i vardagligt liv. I flygplanen kan jag bli riktigt poetisk, tycker jag. Höjden ger en sådan härlig distans till allt. Terassen har nu befolkats av ett ungt par. Ifråga om skönhet är de varandras motsatser. Hon är lång, ung och vacker. Spännande och äger en kropp som tänder. Markerade ögonbryn över de mörka fordrande mandelformade ögonen. Rösten är sensuellt låg och skänker mig luriga tankar av välbehag. Han förtjänar henne inte. Han ser ut som ett illa skrivet frågetecken i nunan, är ovårdad i håret och blank i ansiktet av solkräm. Det är ett oproportionellt par. Vad ser hon hos honom? Vad han ser hos henne förstår jag mer än väl. Hon slänger tillbaka sitt korpsvarta hår med all kvinnlig finess och lutar sig utmanande över räcket vilket ger hennes kropp en inbjudande exponering. Efter ett glas pernod reser de sig och lämnar terassen; en doft av parfym och rakvatten svävar omkring i den friska luften och gör dem närvarande trots att de just lämnat terassen. Frankrike doftar. Jag tror dock att kvinnorna doftar mer; eller är det bara jag som vill ha det så. Nej, vid passerandet av kvinnorna förnimmer jag alltid en liten virvelvind av väldoft som hänger kvar och kittlar min näsa, behagligt tung. Hemma hos madame et monsieur, ett spartanskt möblerat hem, finns ett berg av parfymer, rakvatten och luktborttagare. Monsieur är stor och ser grov ut. Hans utseende minner om härjat liv och hårt kroppsarbete och ger få associationer till väldoft. Snarare tvärtom. Men han doftar väl och mycket. Han är intill fanatism renlig och duschar vattnet ur dalen och lämnar duschrummet som en regnskogsdimma som få badrumsfläktar kan evakuera. Flugorna har vaknat till liv av den kompakta värmen och söker sig till den lilla strimma av ljus som lyser upp en del av bordet. De har knappt vaknat innan de känner att de måste reproducera sig. Envisa som löss. Värmen stiger och med den antalet flugor. Ett nytt par har kommit, ett medelålders. Kvinnan är strax över femtio, bär spår av hårt arbete men utstrålar lugn och harmoni. Hon har grova händer, händer med kraft i. Mannen är i samma ålder, talar med dämpad röst när han inte läser tidningen. De har knappt satt sig innan värden kommer ut med två rykande tallrikar. Jag observerade aldrig att de beställde men det kanske de gjorde innan de kom. En fem sex månaders kattunge hoppar vigt upp på bordet och sätter kurs mot den rykande tallriken och vill dela parets måltid till kvinnans makalösa irritation. Hon griper katten bryskt om ryggen och slänger resolut ner den på terassgolvet. Katten jämrar sig lite för högljött för att njuta men är lika snabbt uppe vid tallriken. Proceduren upprepas.

Inte många skidåkare syns till. Istället kommer folk vandrande med ryggsäckar och vandringsstavar. Terassen blir deras vattenhål. Den uteblivna turismen måste vara en katastrof för orten. Under normala förhållanden borde pisterna krylla av folk och terassen larma av alla soltörstande ungdomar prydda med färggranna kläder, walkmans och senaste snitts på solglasögonen. Men inte, här sitter jag omgiven av medelålders, ja, lite mer medelålders än jag själv. Klockan är två den 16 januari och Pia fyller år, närmare bestämt 38 år. Jag brukar ringa henne en gång om året på eller i anslutning till födelsedagen. Det har jag gjort i många år och då avhandlar vi vad som hänt sedan det senaste samtalet och det är en hel del. Men nu har jag inte hennes telefonnummer med mig varför telefonsamtalet får anstå till senare och då har vi ju ännu mer att bubbla om.

Kvinnan till vänster om mig, som slängde ner katten så bryskt, tror jag har latenta grymma talanger. Det tror jag mig se i hennes ansikte. Förresten, hon doftar inte. Hennes kroksabel till näsa förstärker det grymma intrycket jag fått av henne. Hon har snälla bröst, upphängda som alptoppar på den i övrigt smala kroppen. De är hennes stolthet; hennes konkurrensfördel, ständigt beredda till exponering genom att hon lutar sig tillbaka med knäppta händer bakom huvudet. Det ger brösten ett framträdande som lokets buffertar mot vagnen. Nej, Jag gillar inte henne. Det känner jag instinktivt fastän vi inte utväxlat ett enda ord. Jag har bara observerat hennes handlingar mot katten. Det räcker. Jag skulle naturligtvis inte själv vilja dela min måltid med en främmande katt, inte heller med min egen katt om jag hade haft någon. Någon ordning måste det väl ändå vara. Det var hennes bastanta grepp om kattryggen som väckte mitt skarpa ogillande. Dålig och grym behandling av djur kan jag svårligen förlåta. Solen har förflyttat sig, bryner min panna. Det är dags att packa ihop och återvända till mitt hyresrum och lägga denna dag bakom mig. Au revoir Chamrousse, je reviens demain aprés midi.

(C) Claes Ivarson

Den heta lunchen

Sonja åt sällan lunch på kontoret som de flesta andra kollegor gjorde. De brukade ha med sig ett litet lunchpaket från det som blev över från gårdagens middag. När inte maten räckte till för en lunch fanns otaliga möjligheter att gå ner till någon närbelägen restaurang och antingen äta där eller köpa med sig en portion att ätas på kontoret i sällskap med kollegorna. Men Sonja avstod oftast lunchen om hon inte blev bjuden av någon av hennes många hemliga uppvaktningar. Då gick hon lite tidigare från kontoret och bar inte sällan med sig någon pärm så att det skulle se ut som om det gällde ett ärende och därmed full legitimitet att avvika tidigare och komma tillbaka lite senare. Idag hade hon varit på bjudlunch och ätit gott och i sällskap med en ytlig manlig bekant. De hade kommit att sitta lite för tätt för att objektivt betraktas som en affärslunch som skulle gynna framtida affärer om inte affärerna skulle etiketteras som inledningen på en affär av annat och ömmare innehåll. En bekant till Sonjas make hade varit på samma restaurang och diskret sett det kuttrande paret men utan att komma fram och hälsa. I stället hade han intagit ett bord längre in i restaurangen från vilket han hade full uppsikt över Sonja och hennes manliga sällskap. Ett pärldraperi gav fullt insynsskydd för betraktaren men god överblick över Sonja och hennes förehavanden. Hon valde att sitta jämte mannen istället för mitt emot och snart vilade hennes huvud i bröstet på mannen som ömt lade armen om henne och drog henne djupare in i bröstet. Hans hand landade på Sonjas lår och resulterade inte i något avvärjande. Sonja gjorde inget motstånd utan tycktes trivas riktigt gott och sökte mannens kind med de välmålade läpparna. Kyssen gav ett diskret märke på kinden men inte värre än att det gick att ta bort med baksidan på handen och snart möttes deras läppar i en snabb munpuss som strax övergick i en erotisk kyss på Sonjas hals. Hon log inbjudande och spände ut bröstkorgen till mannens absoluta tillfredsställelse när han nästan drunknade i hennes dekolletage. Sonja rätade upp kroppen och satt kapprak i soffan. Familjebekanten hade sett tillräckligt och kunde rapportera till maken, hans kompis sedan barnsben, men valde att sitta kvar så osynlig för Sonja det någonsin gick. Något mer kunde ju hända ansåg bekanten och satt kvar i skydd av draperiet. När Sonja kom hem på kvällen var maken redan hemma och detaljerat informerad via mobilen. Efter ett kort hej frågade maken slött hur dagen varit. Bra, som vanligt, blev det lakoniska svaret. Sonja var ingen person som slösade med orden. När Sonja höll på med att ta av sig kappan var maken på väg ut i hallen och frågade i steget om hon hade ätit. Klart jag har ätit svarade Sonja och fortsatte: På kontoret. Jag köpte en risifrutti och åt men det är ju inte så mycket mat så nu måste vi sätta igång med middagen. Din jävla hora skrek maken i samma veva han slog till henne med baksidan av handen. Det hade varit en perfekt slagen backhand om det varit på tennisplanen men nu landade handryggen med våldsam kraft på Sonjas högra kind. Hon vacklade till och landade med huvudet i dörrbladet och sjönk ihop på golvet. Smärtan var grym. Och strax bredde ett präktigt blåmärke ut sig på kinden. Dottern gläntade på dörren till sitt rum och blev åsyna vittne till misshandeln. Hon skrek förtvivlat: "Pappa, vad gör du"? Det fanns desperation och förtvivlan i rösten. "Håll käften! Jävla horunge" skrek maken med gäll röst. Sonja försökte resa sig men förmådde inte. benen bar inte. Hon började gråta ymnigt. Risifrutti fräste maken föraktfullt och spottade och slet ner sin jacka från klädhängaren, krängde den över axeln, sparkade till Sonja i samma veva han flängde upp dörren och gick ut i det varma höstvädret. Det sista han sa var: "Ditt jävla fnask, tror du inte jag vet att du ätit lunch med en man och dessutom hånglat publikt". "Är du totalt befriad från moral" skrek den upprörde maken. "Ditt förbannade svin". Sonja kom upp på darrande ben och vacklade ut till badrummet, såg sig i spegeln och blev förskräckt. Mascaran hade runnit i rännilar nedför kinderna, blåmärket på höger kind skiftade i regnbågens alla färger och

Sonja funderade på hur hon skulle kamouflera blessyren medan hon baddade kinden med iskallt vatten. Smärtan pulserade. Det var ju inte första gången hon varit tvungen att med rouge och brunkräm dölja blånader i ansiktet. Hon började bli riktigt van. Nu gällde det att fabricera en trovärdig historia att möta kollegernas nyfikna frågor med. Detta var droppen. Sonja lugnade ner sig och mailade en av hennes manliga bekanta, en dataexpert, och bad om hjälp med att orsaka maken lite datakrångel. Hon fick detaljerade instruktioner och gick till verket. Hon överförde en större summa pengar från det gemensamma kontot till hennes egna privatkonto och sökte på nätet efter en lägenhet. Vad hon inte tänkte på vad att allt hon gjorde på makens dator gick att spåra som en snitslad bana. Han hade lagt in en automatisk kopieringsfunktion från sin dator till en backup-dator han hade på jobbet. Det var en ren säkerhetsåtgärd som han hade lärt sig på en datakurs och som han omedelbart installerat under kursens gång under lärarens överinseende och sett fungera. Han kände sig trygg eftersom han intuitivt visste att han inte kunde lita på Sonja.

Det blev morgon och ny arbetsdag. Sonjas ansikte smärtade, det bultade och blåmärket var lite mindre men gick att skönja under sminket. Sonja dukade fram var sin djup tallrik och hällde upp filen till sig själv och maken. De åt under ansträngd tystnad, tittade inte på varandra, sade inget. Det låg laddning i rummet. Maken reste sig plötsligt från bordet och lämnade för en kort stund köket. Sonja passade på att berika hans fil med en försvarlig mängd laxermedel. Det skulle inte påverka smaken men ge önskad effekt om drygt en och en halv timme eller så, troligen mitt under makens planerade föredragning i ett större sammanhang. En väl avvägd hämnd tyckte den förolämpade Sonja och log för sig själv.

Drömmen om min kärlek

Jag hade lite svårt att somna på onsdagskvällen, låg och vred mig i sängen, tittade på klockan, försökte slappna av och finna ro, tänkte på dig. Vad gör Lovisa nu? Har hon det jobbigt med flyttförberedelserna? Måste ha slumrat till. Låtsades att du låg jämte mig och sov. Jag smekte ömt din panna, du ändrade ställning men fortsatte sova med lugna harmoniska andetag. Jag måste också ha somnat, vaknade av att du satt på min sängkant och smekte min kind, det var så skönt. Du lämnade rummet och jag gled ner i en behaglig drömsömn. Jag stod vid en gärdesgård, lagd vackert med stenar som passade fint ihop. De var nu mossbelupna som om om ett täcke lagts över dem för att ge dem ro och vila och där står jag och tittar ut över nejden. I fjärran ser jag en gestalt komma gående genom en rågåker med vinden mot sig. Håret och den vita klänningen fladdrar i vinden när gestalten kommer fram ur åkern och fortsätter genom en äng full med vackra ängsblommor. Vinden vrider och blåser nu gestalten i ryggen, i riktning mot gärdesgården. Flickans friska doft bärs av vinden mot mig som står vid gärdesgården och jag förnimmer dess fräscha behagliga doft. kvinnan närmar sig sakta och försiktigt, skrider fram. Den fräscha doften blir starkare, friskare, svävar in i mina näsborrar och smeker mina känsliga luktreceptorer. Kvinnan har nu kommit fram till gärdesgården och sträcker ut sina lena armar över gärdesgården, mot mig. Gustav, jag är framme nu, säger kvinnan och sträcker sig fram och greppar mina armar som tillsammans med kvinnans bildar en bro över gärdesgården, bridge over the stonefence. Gustav, lyft mig över till dig. Jag sätter fötterna lite isär för att få maximal balans och sätter mina händer på din bröstkorg under armarna och lyfter dig försiktigt över gärdesgården. Gustav, säger du lågt. Lovisa viskar jag till svar. Vi står och håller om varandra och jag försöker säga något men du lyfter ditt pekfinger till munnen i en gest som betyder, sch, säg inget. Ord behövs inte. Låt våra kroppar tala, de säger det som behövs för tillfället. Vi står där, kramandes varandra. Du lutar ditt huvud mot mitt bröst och kramar om min rygg. Jag kysser dig i håret och känner din undersköna doft. Vi står så, fästa vid varandra, alldeles stilla och andas in den friska doften naturen bjuder på och låter våra ansikten smekas av den labra brisen. En padda kryper sakta utmed gärdesgården och du gör mig uppmärksam på den. Jag säger: "Ta upp den, kyss den, det kanske är en förtrollad prins".

"Nej Gustav". "Du är min oersättliga prins, min älskade Gustav. Vad är en prins mot dig, min store hövding".

Efter en kort stund säger du: Gustav, jag måste gå nu, måste ut med hunden. Jag vill inte men jag måste. Hon har inte varit ute på länge. Gustav, lyft över mig. Jag tar tag i dig igen och lyfter över dig till andra sidan. Vi står och tittar på varandra en kort stund, ler. Du vänder dig om och sträcker ut dina armar mot mig igen, jag tar dem och kysser dina händer. Du släpper taget och börjar sakta gå bort mot ängen. En dimma sveper in dig i sitt mjölkvita täcke och försvårar sikten. Du vänder dig om och ler igen som om du hade dåligt samvete för att du måste gå men jag vet att du måste gå. Du tar några steg mot gärdesgården och jag ser dig i din fulla gestalt, du är bländande vacker. Dina ögon strålar och du ler igen och jag mot dig sägandes, jag vet att du måste gå, hunden måste få komma ut men älskade, gå sakta, sakta, kom fort tillbaka. Du vänder dig om och går sakta tillbaka bland ängsblommorna. Dimman sveper in dig i sitt diffusa grepp och du blir så småningom absorberad av älvorna som dansar för dig och med dig. Vinden är på min sida och bär åter din doft till mig när du inte längre är möjlig att urskilja. Jag står kvar en stund och försöker samla ihop mina tankar som fått sällskap av ett romantiskt fyrverkeri av lycka. Din doft hänger kvar, har parkerat i mitt doftminne och du är nu långt borta på ängen men ändå närvarande hos mig tack vare doften.

Gustav Van Tasi

Ja, detta var min dröm eller fantasi från min sjuka hjärna.

Stämningsfullt

Det är sommarmorgon. Du har halvt om halvt vaknat. Drömmen är purfärsk och egentligen vet du inte om det är dröm eller verklighet. Solen värmer upp sovrumsgolvet och flugorna leker surrande på den upplysta och solvarma golvfläcken. De står på frambenen och putsar vingspetsarna med svepande rörelser med bakbenen, ständigt beredda på blixtsnabb flykt. Antennerna pejlar framåt och åt sidorna. Det öppna fönstret rycker försiktigt i haspen, smekt av svagt doftande vind som bär tjärdoften med sig från bryggan som tjärades igår. Doften kittlar så skönt i näsan och framkallar minnen och bilder när du ligger i sängen och bara finns till. Sakta sätter du dig upp och låter blicken svepa över den nästan spegelblanka fjärden. Det är plågsamt ljust, fastän du kisar hårt. Fisktärnan flyger strax ovanför vattenytan med snabba vingslag ihärdigt sökande efter föda till de omättliga ungarna medan gråtruten sakta och majestätiskt glider fram på sina mäktiga vingar. Båda spanar men på helt olika sätt. Solen står redan högt på himlen. En ny sommardag har grytt. Fiskar'n i blåställ sitter i ekan och rensar näten efter morgonens lyckade fiske. Till stranden vallfärdar barn och föäldrar med dignande matkorgar och badleksaker. Småbarnen är redan i vattnet och plaskar och njuter trots att vattnet ännu är lite kallt. Skratt blandas med gråt. Luften dallrar. Du går ut ur stugan och möter brisen som kärleksfullt leker i ditt hår när du styr stegen mot strandbrinken för årets första dopp. Tiden står stilla. Du är ledig och kan göra precis vad du vill. Just nu är livet helt underbart. Tänk att bara få vara, utan måsten och plikter för en gångs skull. Kan du klippa gräset idag, ljuder frågan genom luften, frågan? Det var mer ett kommando, en order! Kan jag väl ropade jag tillbaka för husfridens skull och satte mig ner och följde måsarnas rörelser med stor njutning. Varför kunde det inte regna idag.

GRÄSET VÄXER

Det blev vår, sent i april bestämt och gräset hade sträckt på sig rejält under den milda vintern och den periodvis varma förvåren. Gräs växer ju vid +8 grader hade jag läst i någon villatidning men det gäller inte min gräsmatta. Den växer jämt och mycket och snart över huvudet på mig. Nu var det dags att klippa den för första gången i år annars riskerade gräsmattan att övergå i äng. Lördagen den 18 april rullade jag ut gräsklipparen ur garaget, försedd med ny gräsklipparolja, nytt tändstift och fulltankad. Och nyslipad kniv. Nu skulle väl den äntligen bli som en golfgreen tänkte jag för mig själv. Jag placerade maskinen där jag brukar starta den, tryckte in gummiploppen tre gånger enligt instruktionen och drog i snöret med den rätta "knöcken". Inte ett hostande. Inget livstecken. Fullständigt stendöd. – Vadnudå, ditt åbäke, morrade jag och hämtade tändstiftsnyckeln och trasan för rengöring och torkning av det troligtvis genomblöta tändstiftet. En granne stannade och frågade: - "startar den inte"? – "Nej, den är fullständigt död, inte det minsta tändningsanfall, och under tiden växer gräset". – "Det stressar mig oerhört".

-"Har du tankat ny bensinen?" Frågade grannen –"Nej, jag hade lite kvar i dunken från i höstas så jag tog den". – "Det håller inte, du måste ha ny bensiiin" sade grannen på sin härliga tjörndialekt och fortsatte, - "du måste ge'n ny bensiiin så startar han." – "Tack för tipset, jag skall genast ta mig till tappen och köpa ny bensin", och iväg gick jag. –"Fyra liter 95-oktanig bensin tack". – "Skall bli, inga problem," sa den unga flickan som doftade kanelbullbak. -"Har ni gräsklipparolja förresten?" –"Nej, vi säljer nästan inga oljor längre". – "Nähä men det är väl ändå en bensinmack" försökte jag. –"Jo, du har ju just köpt bensiin," sa hon med överdriven betoning men med ett smil på läpparna. "Men gräsklipparolja för vi inte", "knappast några andra oljor heller för den delen men vi är väldigt duktiga på bakverk och kaffe". –"Vill du köpa en fika innan du går hem och klipper." – "Du, det är bara i ordböckerna som lön kommer före möda", sade jag käckt.

Jag gick hem med min bensin och såg för min inre blick hur jag snart skulle gå med gräsklipparen framför mig, fram och tillbaka, upp och ner för att sedan ta mig en rejäl balja kaffe med något gott till. En dusch skulle absolut föregå fikat för omgivningens skull och mitt eget välbefinnande. Så såg planen ut som jag målade upp under den snabba promenaden hem, så inte bensinen skulle bli gammal.

Väl hemma tömde jag tanken på den gamla bensinen och fyllde på med den nya. Oljestickan skvallrade otillräcklig oljenivå. På garagehyllan stod en gammal flaska med gräsklipparolja. Jag tömde den tills stickan signalerade tillräcklig nivå. Tändstiftet var ju rengjort så det var väl bara att dra igång. Sagt och gjort. Maskinen rätt placerad, båda handtagen förenade med en limklämma. Tre pump och drag. Inte ett livstecken inte ens en suck. Stendöd. Det fanns gott om utrymme för kraftord och de flödade tills det förrådet var tömt och belånat men inte heller det hjälpte. Maskinen var lika död som jag irriterad, dvs. Jättedöd!

Den här maskinen måste till verkstaden och det nu! – Förresten, är det inte bättre att köpa en ny istället för att lägga pengar på det här gamla åbäket, sade den vänliga sambon med en uppgiven gest. –Jo, den har nog gjort sitt. Vi köper en ny. Min granne, en 80-årig dam, hade en elklippare med lång sladd och det verkade fungera bra. Tyst och luktfri. Det får bli en sådan. Vi tog vägen till verkstaden och lämnade in den trotsiga motorklipparen. –"Vad är det för fel på maskinen ni kommer med," frågade reparatören. –"Den startar inte och den skramlar som om om chassit var löst". –"Det fixar vi, men det kostar." –"Ja, jag hade inte trott att detta var en välgörenhetsinrättning". "När blir den klar?" – "Gräset växer". –"Minst två veckor, vi har mycket att göra nu". "Det verkar som om folket upptäcker att deras maskiner inte funkar på vårarna. –Det är likadant varje vår." –"Det säger segelmakarna också bidrog jag med."-"Vi ringer när den är klar". –"Bra, men tänk på att gräset växer".

–"Vi får la byta stiftet och oljan sa reparatören" och frågade vad som hänt med den, när vi klippte senast etc som en riktig gräsklipparanamnes –"Jag klippte senast i oktober förra året och lät all bensin förbrännas och när motorn var varm lade jag den på sidan och tömde ur oljan, tog ur stiftet och hällde i en matsked olja i cylindern och drog några gånger i startsnöret för att smörja in cylinderväggarna. Sedan lade jag den uppochner och gjorde ren underredet och kniven." –"Du har följt instruktionsboken till punkt och pricka, märker jag, men den får aldrig läggas uppochner" –"Den borde ha startat. –Hade du ny bensin?" –"Nej, jag tog det som fanns i dunken." –"Inte bra, inte bra. Där har vi felet." –"När blir den klar?" Undrade jag igen. – "Den skramlar lite grand, är chassit löst? – Vad anser du?,- det är du som kan detta. –Ja, vi skruvar ihop henne och gör en rejäl översyn –"Skall vi byta kniven?" –"Byt det som behövs, gräset växer och den måste fungera." –"Vi fixar det. Du får betala en depositionsavgift på 450 kr och så ringer vi dig när den är klar." –"Ok, jag hoppas ni ringer väldigt snart. – Gräset växer."

Vi lämnade verkstaden och satte kurs mot ett byggvaruhus som sålde gräsklippare. Grannens elgräsklippare hägrade och vi hittade rätt avdelning direkt. Grannens maskin fanns och det var bara att ta en låda och en lång sladd, röd till färgen, för säkerhets skull. Vi åkte snabbt hem och monterade ihop den gröna maskinen, kopplade in sladden och rullade ut på gräsmattan med den vackra apparaten. Tummen på den röda knappen och ihop med handtaget. Den susade igång och ljudet lät som den vackraste musik i mina öron. Jag gick några meter och allt kändes ljuvligt. Vilket klipp! Äntligen en apparat som jag inte behöver oroa mig för att få igång och lätt var den att putta framför mig. Sladden låg som en lång röd daggmask efter mig på den klippta gång vi redan åstadkommit. Det var dags att vända och nu låg sladden i vägen. Paus för sladdkorrigering. Det här verkar jobbigt med sladden. Det var kanske tur att vi lämnade in motorklipparen. Bättre med en klippare i reserv än att vara beroende av en nu när gräset växer. I alla fall om den fungerar.

Det gick några dagar och plötsligt plingade det till i mobilen. Verkstaden smsade att maskinen var klar, bara att hämta. Vi åkte snabbt till verkstaden och hämtade apparaten som nu lätt skulle starta.

Jag fyllde på den nya bensinen och kände hur hjärtat började bulta. Tänk om den inte startar tänkte jag och stressade upp mig till en ohälsosam nivå. Samtidigt tänkte jag: "mycket kan köpas begagnat men inte bensin, för den har gått upp i rök". Jag samlade mig, sade några vänliga smeksamma ord till åbäket och drog i startsnöret. Den kom igång direkt. Vilken obeskrivlig känsla. All bensinlukt, rök och buller den åstadkom var rena konsertmusiken i mina öron. Avgaserna doftade riktigt gott, som en förförisk parfym. Allt var förlåtet. Jag gick sakta framåt och njöt av buller och rök. Poff! Motorn lade av med en liten knall och extra rökpuff. Jag höll i startsnöret, satte foten på klipparen spände snöret och lämpliga muskler och drog till med rätt knöck. Ingen respons. Det var väl då själva… mumlade jag för mig själv och upprepade draget med större knöck och roterade så våldsamt att jag föll ihop i en hög, låg raklång på gräsmattan, medan gräset växer.

Elgräsklipparen hämtades upp ur garaget. Sladden kopplades och dess sus hördes tills det sade poff. Den dog. Vad i hela världen nu då. En propp hade gått och snart stressar väl jag till mig en propp av annan dignitet. Ny propp. Maskinen kom igång. Jag kunde klippa färdigt.

Nu gäller det bara att uppfinna en mojäng som håller sladden sträckt på elklipparen och gärna drar sladden akterut och automatiskt, annars är risken stor att jag kör över den av misstag och då blir det tvärstopp. Undrar hur livet skulle vara på en bergstomt? Jag tror, vid närmare eftertanke, att jag älskar berg i dagen när jag tänker efter ordentligt.

(c) Claes Ivarson

Myran

Jag står på tunnelbaneperrongen i Highgate och väntar på mitt tåg. Som vanligt betraktar jag mina blivande medresenärer, flickor mest. Mina blickar möter en ung kvinnas och jag slår artigt ned min blick rodnande och jag känner hur kinderna hettar. Då, plötsligt får jag syn på en liten myra som hastigt kilar omkring på perronggolvet. Finns det verkligen myror här nere, tänker jag och börjar söka med blicken efter fler. Men jag upptäcker inga. Sentimentalt betraktar jag den lilla myran. Vilket öde! Hamna 40 meter under markytan. Långt från kompisar, myrmark, mat och sånt som myror gillar. Jag har svårt att tro att min myra tog rulltrappan ner till perrongen – i alla fall inte frivilligt. Alltså har den kommit dit av misstag. Nervöst kilar den fram och tillbaka, hela tiden, oavbrutet, vilset sökande efter kompisar och byggnadsmaterial. Folk strömmar till perrongen i strida strömmar, ovetande om vilket öde som utspelar sig kring deras fötter. Måtte bara den olyckliga myran klara sig, tänker jag och kan inte släppa den med blicken. En blankpolerad manlig 45:a missar myran med en ynka centimeter. En vit damsko smäller till och bildar för en kort stund en jättebro över myran. I nästa stund är bron borta, flera meter, bara det klapprande ljudet ekar i det kakelklädda utrymmet. Myran vibrerar först och rör sig sedan i sidled, chockad och förvirrad. Inte en sko är vänligt sinnad, inte paraplyspetsarna heller. En sådan satte effektivt stopp för myrans valda riktning men lyftes bort sekunden efter och gav fri sikt framåt. Alla är potentiella dödsfiender. En räddande tanke far igenom min hjärna. Men hur? Hur skall jag rädda myran? Vad skall folk tro om jag börjar kravla omkring på golvet på alla fyra och jaga efter en myra? Hur skall jag få tag i den? Vad skall jag ta den i? Knappast i kavajfickan. Var skall jag släppa den? På Bond street där jag går av? Nej. Där har nog inte funnits myror på över hundra år. Har jag då hjälpt det lilla krypet? Det skulle vara ett värre öde. En alldeles ny herrsko trampar rakt över myran. Jaha, tänker jag Nu är det slut. Men icke, sänkan mellan två stenplattor räddade myran från en säker död. Vilken chockupplevelse. Hur skall den klara sig bland alla fötter, undrar jag och känner mig riktigt illa till mods. En stressad ung man med paraply och oborstade skor sätter oåterkalleligt punkt för ett vilset myrliv. Hans fula sko plattar till myran till en oigenkännlig våt fläck. Ett flitigt myrliv har ändats. Smutsig sko för smutsigt jobb tänker jag och känner att jag tycker mycket illa om den unge mannen.

Cocktailpartyt

Det stora cocktailpartyt skulle äga rum på fredag. Inbjudan hade gått ut till engelska storbönder och mindre godsägare men även ett flertal svenska företagare med anknytning till jord- och lantbrukssektorn var inbjudna. Min chef, handelssekreteraren, var något spänd inför evenemanget och värdskapet men vår uppgift var ju bara att skapa själva ramen för evenemanget, alltså en så trivsam miljö som möjligt för gästerna och låta gästerna själva svara för innehållet. Inga tal, inga föredrag eller föreläsningar som skulle kunna skapa anspänning skulle förekomma. Bara en mingeleftermiddag under trivsamma förhållanden. Handelssekreteraren var till sin läggning auktoritär och en lite gammaldags chef, som gav order och lämnade mycket litet utrymme om ens något för medbestämmande, än mindre för protester. Han ifrågasattes inte. Aldrig! Han var mycket tydlig i sitt chefskap. Han pekade med hela handen och gjorde det på ett fullt acceptabelt sätt. Men visst, det fanns de i personalen som hade mycket svårt för hans ledarstil men de hade så stora svårigheter med allt annat också, dessa eviga kverulanter som inte kunde avhålla sig från nedsättande mimik bakom chefens rygg. Handelssekreteraren hade sin egen pedagogik för att styra sin personal. Vår arbetstid var 09.00 till 17.00 varje dag med avbrott för lunch på en halvtimma. Det var väldigt få av oss som kom i tid till arbetet. Alltid var det något hinder i den täta London trafiken, som gav anledning till sen ankomst. Alla i personalen kom sent. Var det inte försening på tunnelbanan så var det väl någon dam som fastnat med stilettklacken mellan två gatstenar och sprungit vidare med en sko på foten och den andra kvar på trottoaren vilket orsakade tvärstopp och snubblingar för efterkommande fotgängare och ibland raklånga fall.

När traktens gentlemän skulle hjälpa den fallna blev trottoaren genast totalblockerad och medförde att de efterkommande måste tag en bit av körbanan i anspråk för att komma fram. Detta skapade ett massivt kaos. De bilförare som fortfarande hade kvar något av gentlemannaskapet i sina gener, ställde helt sonika bilen, klev ur och rusade fram till den fallna kvinnan för att hjälpa henne upp igen. I fjärran hördes utryckningsfordonens omisskännliga sirener. Uppdraget var inte den fallna kvinnan. Det måste vara något viktigare. Det händer mycket i en världsstad som London. Sirener i fjärran ingick alltid i gatularmet och när det gällde att ta sig fram på Oxford street med blåljus var körskickligheten djupt imponerande. De tog sig alltid fram och i rasande fart. De bakomvarande bilister som inte uppmärksammat att bilister ställt sig i gatan för att hjälpa en person som ramlat bidrog ljudligt genom att hänga sig på signalhornet med all kraft och lite till. Larmet var öronbedövande. Gatubredden gav inte utrymme för omkörningar utan köerna växte sig hur långa som helst och stod då någon buss i körfältet inventerade passagerarna sina förråd av ursäkter att lägga fram för sina chefer när de så småningom kom till jobbet. En busslast ursäkter. Och så var det hos oss också där ursäkterna för den sena ankomsten hade stor variationsrikedom. Irritationen över de ständiga sena ankomsterna fick handelssekreteraren att ta till sin egen illistiga pedagogik. Han köpte en stor smarrig tårta till eftermiddagskaffet och bjöd in personalen till fika. Alla slickade sig om munnen vid åsynen av den vackert dekorerade tårtan. Den såg väldigt inbjudande ut och alla väntade på ett tecken att få ta för sig en bit. Till slut, när alla gommar vattnats och personalen kommit i vänteläge och samlat sig tog handelssekreteraren till orda och sade. "Den som vet med sig att alltid komma i tid till kontoret kan väl börja och ta en bit av tårtan. Var så goda. Ett förläget sorl och mummel uppstod följt av ett förlösande skratt. Den som bemästrade sig tårtspaden var typiskt nog den som aldrig kom i tid. Handelssekreteraren påminde om det förestående cocktailpartyt och delade ut uppgifter till var och en. Ivarson blir eftermiddagens bartender och det skall vara gin och tonic med emfas på gin dvs lite starkare drinkar så vi får upp stämningen. Marianne serverar vin till damerna.

Frågor? Budskapet var lika klart som ginen som skulle serveras och det fanns inget att ifrågasätta. Det var bara för mig att acceptera rollen som bartender, det var ett trevligt sätt att få träffa alla gästerna och slänga ett ord med var och en. Jag såg fram mot uppgiften med härlig förväntan. Fredagen kom och förberedelserna var klara. Gästerna kom. Nej, de vällde in. Jag fick för mig bilder i hjärnan som liknade starten i vasaloppet i mars. Men jag hade intagit min post och förberett en hel del och jag var väldigt generös med gin i varje glas som ordern var. Lite tonic fick också plats men bara lite. Engelsmännen kom i sina eleganta tweedbläsrar, den ene mer elegant klädd än den andre. En viss inbördes tävlan om elegans svävade i luften. En tweedklädd storbonde kom fram till mig och blev bjuden på en gin och tonic. Vi talade lite allmänt medan jag serverade de andra som kommit fram. Under tiden hade min konverserande gäst druckit upp och givit beröm för att drinken var så god. Another one? frågade jag och gästen svarade: Thank you very much, tog hand om drinken och försvann i gästvimlet. Jag följde honom med blicken och såg hur han vant minglade omkring bland de övriga gästerna, hur han stannade till lite grand i en grupp, sade några ord, ursäktade sig med ett avlämnat visitkort och snabbt sökte nästa lilla gruppering för att växla några ord och knyta nya kontakter och gå vidare i vimlet. Svenskarna stod för sig själva och pratade. De rörde sig inte ur fläcken. Jag valde att följa en annan engelsman med blicken och se hur han betedde sig och det var likadant med honom, han sökte en guppering, språkade lite grand och gick vidare. Svenskarna stod fortfarande kvar på samma ställe och talade inbördes. Så knyter man inga nya kontakter i England. Min första engelsman kom fram till mig igen och jag serverade honom för tredje eller fjärde gången. Nu var han lite ostadig på benen. Han sökte mina ögon och fixerade mig med blicken och så sade han på elegant skolad högreståndsdialekt: "Young man, I could probabably get you a job anywhere in the world, but certainly notas a bartender." Det var en trevlig tillställning som gav många nya kontakter för framtida affärer. Jag gjorde iordning fem drinkar, satte dem på en bricka och gick fram till svenskarna och bjöd dem att dricka. De tog tag i glasen och med en van bakåtrörelse så var glasen snabbt tömda.

Jag frågade dem om de haft tillfälle att knyta några goda kontakter och
fick till svar att de visst fått det men de snackar ju bara engelska. Jag var
frestad att säga att det kanske inte var så konstigt. Vi är ju trots allt i
England men det kändes inte rätt just då att fälla den kommentaren. De
tyckte att drinken var god och tackade med kommentaren. Men du "Var
tonicen slut?"

(C) Claes Ivarson

Camping var det, ja!

Så var det då slutet på våren och planerna inför sommaren skulle ta form. Den ständiga frågan var vad vi skall göra på semestern. Eftersom vi har båt är det givet från början. Båten skall utnyttjas hela semestern hade farsan sagt. Alla i familjen var heligt trötta på båten utom farsan. Båten är definitivt ingen lyxkryssare, inte ens med bästa vilja i världen kan man få den till det. Men utnyttjas skall den. Allt går som smort bara det är sol ute men så fort det regnar läcker den från alla håll. Underifrån har den alltid läckt. Den läcker inte säger farsan. Den är bara lite inkontinent. Farsan är kapten och skall alltid ligga i styrbordskojen. Vi andra får trängas i babordskojen eller var vi kan hitta någon slaf. Morsan hade hört från en arbetskamrat att det var helt underbart att tälta. Därför föreslog hon att vi skulle åka på bilsemester och campa istället för att ta båten. Självklart skulle det bara vara en engångsföreteelse, ja rent av bara för skojs skull, som morsan uttryckte det. Aldrig i livet var farsans bestämda kommentar. Mer behövde han inte säga för att grälet skulle vara ett faktum. Två bestämda viljor som var och en kunde förflytta berg hade låst sig i sina positioner. Vi barn satt på ringside och såg på dessa verbala gladiatorer som var och en på sin kant satt och funderade ut vilka argument de skulle klå varandra med. Brorsan som alltid haft tumme med morsan och för ovanlighetens skull hade farsans öra höll självklart med honom. Han hoppades väl att han skulle få den där jollen som farsan lovat honom den senaste treårsperioden och som alltid fått vika för något annat viktigare. Själv höll jag med morsan för jag var heltänd på att tälta men att vara ensam med henne var uteslutet eftersom morsan var mer än mörkrädd. Det var laddat i rummet. Ingen sade något. En felaktig kommentar hade fått den laddade bomben att brisera. Till slut tog jag mod till mig och föreslog en kompromiss som gick ut på att vi seglade på dagarna och tältade på nätterna. Då skulle ju bådas behov tillgodoses. Kommentaren var som ett uppsprickande molntäcke. Leendena spred sig på allas läppar. Sagt och gjort. Morsan hade fått låna ett tält av sin arbetskamrat och båten hade vi själva. Första kvällen blev oförglömlig. Inte bara för oss utan för ett helt samhälle. Vi hade seglat hela dagen. Solen lyste med sin frånvaro och regnmolnen hängde som tunga draperier från en blygrå himmel. Vädret visade upp sitt sämsta register med hård byig vind. Efter en knappt godkänd tilläggning var det dags att sätta upp tältet. Att sova i båten var uteslutet. Det hade varit att jämställa med att sova i en vattensäng utan madrass. Morsan hade fått låna tältattiraljer och kom kånkandes med två stora påsar varav den ena skramlade oupphörligt. I den låg alla tältstänger. De ramlade i en aldrig sinande ström när morsan vände upp och ner på påsen. Tyvärr flög instruktionen all världens väg i den vresiga vinden och gjorde en praktfull landning långt ut i vattnet. Utan instruktion och med tältstängerna utspridda som ett plockepinnspel på marken såg morsans fejs ut som ett enda frågetecken. Hennes bestämda uppfattning i vardags-rummet under semesterplaneringen var som bortblåst. Farsan kom upp från båten med självsäkra sjömanssteg och frågade om det inte fanns någon monteringsanvisning. Där! Skrek morsan med förtvivlan i rösten och pekade mot Danmark. Farsan la upp ett djungelvrål till skratt. Här behövs inga instruktioner, ekade han med en självbelåtenhet vi aldrig tidigare hade skådat. Brorsan och jag utväxlade blickar. En bra karl reder sig själv, sade han och grep tag i första bästa rör och måttade in den i nästa som morsan lyft upp till honom. De såg ut som ett operationsteam. Farsan befallde fram delarna, morsan plockade upp, la tillbaka, bytte ut, vände upp och ned, tog fram igen; armarna fläktade som om hela friskis och svettis kommit till platsen. Visa av gammal erfarenhet stod vi barn som vanligt utom räckhåll men ändå redo att assistera om nödvändigt. En kvart gick och tältduken låg fortfarande trygg i sin påse. Några tält-stänger var monterade men knappast i den ordning som var tänkt. Tält-duken hade liksom inte den formen. Inget tält i världen kunde ha en sådan

form. Farsan kliade sig i huvudet och frustade som om det skulle hjälpa.
Det brukade vara inledningen till något stort. Efter en stund kom en
yngling fram och frågade om farsan rest tält förut. Frågan var artigt ställd
men en talande tystnad uppstod. Jodå, det har jag allt gjort sade farsan
morskt efter en stunds tvekan. Det kan man inte tro, svarade ynglingen
för då skulle farbror ha börjat med sidostängerna och framför allt inte
blandat ihop takåsens stänger med sidostängerna. Farsan stod helt orör-
lig, totalt oviss om han hade hört rätt. Han reste sig i hela sin längd och
spände ilsket blicken i ynglingen och sade: Hörrudu! Tror du inte jag
monterat tält innan du var född, va! Tror och tror, log ynglingen viskande
och formade munnen till en vissling och blåste till. Några kompisar till
honom kom för att begrunda farsans valhänta manövrer. Snart var det
en liten grupp människor som avvaktande beskådade tältresningen. Far-
san var eldröd i ansiktet. Spridda kommentarer hördes från den försam-
lade menigheten. De var inte alldeles rumsrena. Ansiktsfärgen på farsan
skiftade i regnbågens alla kulörer. Situationen var pinsam. Ja, det var en
pärs för hela familjen. Efter en stund slängde farsan tältstängerna i ba-
cken, gjorde en piruett på klacken, halkade till på det regnvåta gräset och
la sig raklång i ryggsimläge. Eldröd i nian och djupt sårad i själen kravlade
han bort mot båten på alla fyra till ljudet av smattrande applåder från den
numera månghövdade publiken. Vi, hans söner, rusade fram till ynglin-
gen och bad honom om hjälp med att resa tältet. Med en nick åt sina
kamrater att hugga i kom han fram till tältet. Han sorterade ut tältstän-
gerna och frågade var vi ville ha det i samma stund som han monterade
den ena stången efter den andra. Det var vana rörelser som var i farten.
Plötsligt stod ett skelett av stänger på marken ivrigt väntande på tältdu-
ken. Han vände ut och in på tältpåsen, vecklade upp duken, synade den
och kastade den över stommen likt en matador på en tjurfäktningsarena.
Det var en briljant uppvisning. Några minuter senare spändes den sista
linan med sådan snärt att vibrationerna musicerade i den hårda vinden
och tältet stod färdigt i all sin nybyggarglans. Åskådarna var imponerade
och applåderade spontant. Farsan kom upp ur ruffen på båten, såg sig
yrvaket omkring och fixerade blicken på tältet som om det var en kosmisk

varelse. Han släppte det inte med blicken fastän han mödosamt var tvungen att forcera en del hinder för att säkert komma i land. På sin väg till tältet muttrade han hela tiden. "Det var som fasen". "Det var som fasen". Han hämtade sig förvånansvärt snabbt och sade att eftersom tältet nu redan var rest var det väl bara att hämta alla sovsäckar och andra lämpliga saker från båten. Vi beordrades att göra det. När vi kom tillbaka låg farsan på rygg i tältet. Det var bara benen som stack ut ur tältöppningen. Vi smög oss på honom och såg att han låg och ritade av alla tältstänger och hur de förhöll sig till varandra. Vi återvände fnissande till båten. I nästa vända märkte vi att han satt små etiketter på varenda tältstång. När "möbleringen" av tältet var klar gick vi upp i samhället för att kolla läget. Vi var inte tillbaka förrän långt efter mörkrets inbrott. När vi kom tillbaka till tältet satt en stor lapp uppsatt framför ingången. Farsan läste högt: Ni är hjärtligt välkomna att tälta på min mark. Det är emellertid min plikt att meddela att ni knappast är ensamma i inhängnaden. Sedan några år tillbaka driver min hustru och jag en omfattande tjuruppfödning. För närvarande har vi 55 tjurar som fridfullt betar i inhängnaden som för övrigt är 30 000 kvm stor. Mina söner har påverkats av tjurfäktningarna i Spanien och har framgångsrikt övat sig i matadorrollen, dock alltid med en för tjuren mycket lyckligare utgång än deras artfränder i Spanien. Det kan vara intressant att notera att även svenska tjurar besitter samma temperament som de spanska och blir minst lika upphetsade av röda skynkens stilfulla vibrationer i djärv mans hand. Då ert tält är orange med en dragning åt rött och vibrerar upphetsande i den rådande vinden skulle jag nog råda till en viss försiktighet. Jag vill dock understryka att Ni gärna får tälta. Markägaren.

Farsan beordrade rivning av tältet med omedelbar verkan. När tältet låg utslaget på marken passerade den hjälpsamme ynglingen med block och penna i handen och ett oefterhärmligt flin på läpparna.

Sagan om Kung Hårsvall

Det var en gång en Kung som bodde i ett stort slott med sin elaka fru, Drottning Vårta och sina två söta prinsessor och två stiliga prinsar. Prinsessorna hette Prinsessan Kruslock och prinsessan lockilocklock. Kungen kallades för Kung Hårsvall för att han inte ville klippa sig och han kammade heller aldrig sitt hår. Allt hår hängde rakt ner framför ansiktet och ibland blåste håret bakåt när han hade vinden i ansiktet. De som gick bakom kungen trodde att en höstack hade fått ben och var ute och gick. Drottningen kallades för Drottning Vårta eftersom hon hade en stor röd vårta på näsan. Prinsarna hette stubbe och hårslät. Stubbe hade kort hår som stod rätt upp och prins hårslät hade rakt stripigt hår som inte lydde vare sig kam eller borste.

Nu hade Kung hårsvall bestämt att prinsessorna skulle gifta sig och han beordrade alla härolder att komma med förslag på lämpliga unga män. Drottning vårta blev sur och arg och då blev vårtan på hennes näsa alldeles flammande röd och då visste alla att det började bli farligt. Den röda vårtan blev en varningssignal och många av slottets anställda sprang och gömde sig för de ville inte råka ut för den elaka drottningen. Jag skall vara med och bestämma vem mina döttrar skall gifta sig med skrek drottningen till kungen. Ja visst får du det sade kung hårsvall med en mild och vänlig röst. Jag skall bestämma. skrek drottningen. Det är bara prinsar som får gifta sig med mina döttrar. Våra döttrar menar du väl sade kungen med sin milda röst. Hm, bah muttrade drottning vårta. Kungen hade hört att många grodor var förvandlade prinsar. Därför krävde Kung hårsvall att alla grodor i landet skulle fångas och föras till slottet. Alla som arbetade i slottet fick var sin håv och order att gå ut och leta efter grodor. Det tog inte många dagar innan de första grodorna hoppade omkring på golvet. Vad söta de är sade prinsessan Kruslock och prinsessan Lockilocklock höll med. Nej usch och fy skrek drottning Vårta. Ta ut dem härifrån. De är vidriga och äckliga, frustade drottningen och såg förfärad ut. Hur skall man få veta vilka som är förvandlade prinsar frågade drottningen. Drottningen kallade till sig slottshäxan och frågade hur man får veta vilka grodor som är förvandlade prinsar. Slottshäxan svarade att hon inte visste det men hon hade hört att kanske regionhäxan kunde veta. Drottningen beordrade regionhäxan att komma till slottet och vips, så var hon där. Regionhäxan blev osäker men trodde att enda sättet skulle vara att prinsessorna kysste en groda i taget för att se om förvandlingen släppte. Drottningen blev ursinnig och skrek. Aldrig i livet får mina söta prinsessor kyssa en groda. Aldrig! Det kommer aldrig på fråga.

Kan inte du, regionhäxa, lösa förtrollningen och se om vi har en liten prins som hoppar omkring på golvet. Nej, sade regionhäxan, så stor makt har inte jag. Blanda ihop en häxbrygd så får vi se hur det går sade Drottning Vårta. Häxan satte sig på kvasten och flög hem till häxtornet och började blanda olika vätskor med varandra under tiden som hon sjöng sina formler.

Efter en stund var hon klar och hällde trollvätskan i en flaska, tog kvasten och flög iväg till drottningen. Drottningen blev ivrig och slet till sig flaskan och satte den till munnen och drack lite grand. En liten rökpelare steg upp från golvet där drottningen hade stått och när röken skingrats satt en vårtig padda på golvet. Regionhäxan blev nervös och anropade rikshäxan. Regionhäxan berättade för rikshäxan att drottningen hade förbjudit prinsessorna att kyssa grodorna för att se om de var prinsar. Men rikshäxan kunde inte förvandla grodorna utan sade att det enda man kunde göra var att låta prinsessorna kyssa grodorna och så fick det bli. Paddan satt kvar på golvet och såg alla grodor hoppa omkring men kunde inte hoppa lika lätt som grodorna. Kung hårsvall kom in i salen och såg paddan och alla grodor. Bär ut paddan sade kungen men bär försiktigt. Jag tycker den liknar drottningen. En slottsbetjänt fick försiktigt ta paddan i sina kupade händer och bära ut den och lägga den nära bäcken. Prinsessan kruslock tog upp en groda i sina händer och förde den sakta till sina läppar för att kyssa den. Smack sa det men inget hände. Prinsessan satte försiktigt ner grodan på golvet igen och tog upp en till. Men inget hände med den heller. Nu kom prinsessan Lockilocklock in i salen där alla grodorna hoppade omkring. Lockilocklock tog upp en groda och kysste den försiktigt. Plötsligt stod en ståtlig prins framför henne. Jag har fått en prins jublade Lockilocklock, ta upp en groda du också Kruslock sade Lockilocklock och hjälpte sin syster att ta upp en groda. Prinsessan Kruslock gjorde precis som Lockilocklock och nu blev grodan en vacker prins som räckte prinsessan sina händer och sa att du var det sötaste jag sett på länge.

Häxorna hade samlats på ett krismöte och tillsammans försökte de hitta en häxbrygd som skulle få paddan att bli drottning igen. Det var inte lätt. Det ena försöket efter det andra misslyckades men till slut tyckte de att brygden var klar. Nu gällde det att hitta paddan. Rikshäxan flög iväg åt ena hållet, regionhäxan åt ett annat håll och slottshäxan fortsatte att blanda vätskor. Rikshäxan hade funnit paddan på ett stort grönt blad som flöt omkring i dammen som bäcken rann ut i. Nu samlades häxorna igen och med den nya brygden på en liten flaska flög de bort till dammen och matade paddan. Paddan smuttade på vätskan och vips stod drottningen i dammen med vatten upp till knäna. Under tiden hade Kung hårsvall kommit ner i salen och sett alla grodorna som hoppade omkring men också två stiliga ynglingar. Kung hårsvall gick fram till prinsarna och presenterade sig. Varifrån kommer ni? frågade kung hårsvall. Från landet i norr svarade ynglingarna. Vi är bröder och blev förvandlade till grodor av en elak trollkarl men förtrollningen bröts när prinsessorna kysste oss. Därför är vi här. Men alla andra grodor då. Vad gör de här? undrade Kung hårsvall. En betjänt påminde kungen om att han beordrat alla att fånga grodor för att se om det fanns några förvandlade prinsar. Javisst ja, sa kungen, nu kommer jag ihåg. Men nu när vi har två prinsar måste alla grodor lämna slottet och det bums. Jag är hungrig sade kungen. Ropa in slottskocken så han får presentera lunchmenyn. Slottskocken kom i all hast in i rummet och berättade för kungen att han skulle få en riktig delikatess till lunch. Låt höra, brummade kungen i samma stund som drottningen klafsade in i salen. Idag serveras grodlår på grönsaksbädd med vaktelägg. Och till detta dricker kungen ett vitt vin.

När drottningen fick höra att grodlår skulle serveras blev hon rasande. Skulle det inte räcka med att mina söta prinsessor fick kyssa grodorna. Skall vi nu också äta dessa små hoppande äckliga monster. Aldrig!! fräste drottningen. När kungen fick höra att grodlår stod på matsedeln blev han riktigt arg och förbjöd all grodfångst i riket. Kungen hade ju sett hur roliga grodorna var när de hoppade omkring och han kunde inte förmå sig att se dem på sin tallrik. Grodorna blev fridlysta i hela kungariket. Nu hade alla grodor burits ut och släppts i det fria. Kungen sade till en av sina betjänter att hämta Stubbe och hårslät så att de fick hälsa på prinsarna från landet i norr. När betjänten kom in i prinsarnas rum satt två grodor på golvet. Båda hade var sin krona på huvudet. Betjänten visste inte vad han skulle göra men för säkerhets skull berättade han för Kung hårsvalls kammarherre att det satt två grodor i prinsarnas rum. Kammarherren sade att dessa grodor skulle skötas på bästa sätt och matas med den bästa mat som fanns att uppbringa. Så skedde. Kung hårsvall kände sig nöjd men misstänkte att endast prinsessor kunde lösa förtrollningen. Han kallade till sig de nya prisarna och bad om råd. Prinsarna sade att de hade två söta systrar på slottet i landet i norr. Bud sändes genast till kungen i norr om att få se om dessa prinsessor kunde lösa förtrollningen. Kungen i norr sade genast ja för han tyckte att hans vackra prinsessor borde gifta sig och han kände väl till prins stubbe och prins hårslät. En glasad vagn kördes fram och prinsessorna fick ta plats. Två vita starka hästar spändes för vagnen och kusken ropade: "hoppla mina kära hästar. Full fart nu till kung hårsvall i söder". Efter en strapatsrik resa kom prinsessorna fram till Kung hårsvall och drottning vårta. De leddes in till prinsarnas gemak och lyfte upp var sin groda med krona på. Gud vad söta de är sade den ena prinsessan till den andra. Ja, verkligen sade den andra prinsessan. Jag måste kyssa den och det gjorde prinsessan så det ekade i hela slottet. I samma ögonblick förvandlades grodan till prins stubbe som genast omfamnade prinsessan. De kunde inte släppa varandra utan stod där och kramades. Den andra prinsessan lyfte upp och kysste den andra grodan och vips förvandlades också den till en stilig prins hårslät. När kung hårsvall fick höra talas om detta blev han så glad att han ropade: Nu skall det bli bröllop fyra gånger om och så blev det och sedan levde alla ett lyckligt liv och det bästa av allt var att drottningens vårta försvann och hon blev den snällaste drottningen i hela världen.

(c) Claes Ivarson

Tankar från hatthyllan

1. Han är mångmiljonär men har aldrig en krona på sig bortsett från den i underkäken.

2. Hur skall vi ta oss över ån? Jag tänder ficklampan så balanserar du på strålen. Javisst, men lova att du inte släcker den förrän jag kommit över.

3. Det paradoxala är att när huset brinner letar husägaren efter sina tändstickor när han rusar ur huset med eld i baken.

4. Han knöt handen i syltburken och inte fasen kom han loss.

5. Jag längtar alltid bort när jag är hemma och när jag är borta, längtar jag alltid hem.

6. Vakna, vakna! du har inte tagit din sömntablett.

7. Är han en hacker? Ja, jag har aldrig sett någon som hackar lök lika fort som han

8. Hon såg sig själv i spegeln och kom aldrig över chocken.

9. Det kan du räkna på ena handens avklippta fingrar

10. Håll gärna huvudet kallt men ta på dig en mössa

11. När översvämningen i Australien var som värst fanns det inget vatten att få tag på.

12. Vill du ha en macka och lite mjölk? Absolut! -Nej, vet du vad! Det serveras inte här

13. Min älskade hustru har jag inte träffat ännu.

14. Livet skulle vara en dans på rosor om inte taggarna fanns

15. När min älskade kom hem från resan kom inte bara hon utan även livet tillbaka

16. Du måste ha is i magen! Javisst och hur skall det gå till?

17. Först kom tennsoldaten, sedan kom brandsoldaten

18. De säger att det är bättre med en fågel i handen än tio i skogen. Det tycker inte jag! Vad kan vara bättre än fria fåglar?

19. Öst är öst och väst är väst och aldrig mötas de två. Vad är det för dumheter. Nollmeridianen går i Greenwich i London och står man med vardera foten på var sin sida om linjen möts öst och väst i grenen.

20. En liten mager kropp kan rymma ett stort hjärta.

21. Många par lever livet i ett dött äktenskap för syns skull.

22. Att gå kvar i ett dött äktenskap är inget annat än prostitution.

23. Människan är en planerande varelse, men den som styr heter slumpen.

24.   Nu tar jag mig ett järn, sa bonden och stoppade en persiljekvist i munnen.

25.   Barnbidraget skapar bara problem. Den ena mottagargruppen oroar sig för hur pengarna skall räcka till, den andra för hur pengarna bäst skall investeras.

26.   Många människor tycker att bakrutan är viktigare än vindrutan

27.   Vi skall inte ha fröken Andersson längre! Va, varför inte det? Hon är väl tillräckligt lång.

28.   Det är väl bara stålmannen som kan dyka upp.

29.   Försäljningen har ökat lavinartat. Jaså, såvitt jag förstår går de flesta laviner utför.

30.   Ett vackert hår kan dölja sjuka tankar.

31.   Rynkor i ansiktet är bevis på levnadserfarenhet, inget annat

32.   Gud, vad jag fryser. Ställ dig i hörnet, där är det 90 grader.

33.   Min kära hustru, du är som en gammal veteranbil. Va!!! Ja, ju äldre du blir desto mer värdefull blir du

34.   Du ger ditt tänkande en ny dimension om du befriar dig från dina förutfattade meningar

35.   Nu måste jag raka mig sa gubben och sträckte på sig

36.   Vi kan väl ha lite vinkel efter ett glas rött sa flickan och himlade med ögonen

37. Att fostra ett barn utan rättspatos är att ge barnet ett livslångt handikapp

38. Du är ju totalt makalös! Ja, som ogift är jag väl det

39. Håller du med om att franska flaggans färger är blått rött och vitt och Danska flaggan blott, rött och vitt.

40. Hur många huvudstäder finns det i Kanada? 8-va? (Ottawa)

41. En europeisk huvudstad är som ett magfängelse. Ahh, du menar Bukarest

42. Döden är viktig. Den sätter punkt för livet för en och får oss andra att stanna upp för lite reflektion över förhoppningsvis livet.

43. Vi lever med två faktum; att vi är födda och att vi skall dö. Däremellan är det vårt ansvar att göra så gott vi kan och så lite till

44. Tatuera dig och du är märkt för livet.

45. Ibland är det är lättare att be om förlåtelse än tillåtelse

46. Att väga sina ord på guldvåg räcker inte – överväg dem istället

47. Nu har jag överseende sade gubben och satte glasögonen på nästippen

48. Tänk Dig noga för! Idag kommer Du att fatta många beslut; en del blir bra, en del blir mindre bra. En del borde Du inte alls ha fattat.

49. Många människor borde träna sig på att säga förlåt

50. Att be om ursäkt är ett tecken på styrka – inte svaghet

51. Säg ett ärligt menat förlåt och Du bryter isen lika effektivt som en isbrytare

52. Tänk så många människor som går omkring utan ryggrad.

53. Ursäkta, får jag ställa en fråga? Javisst, ställ den där borta.

54. Vad har de för ström i elektriska stolen? Likström fattar du väl

55. Famla inte i mörker. Tänd en lykta.

56. En gentleman går inte omkring i oborstade skor och borstar inte.

57. Att spotta i en kvinnas sällskap är ett snäpp värre än att svära i kyrkan

58. Han har bara tennis i sinnet och sinnet i Tennis så bakvänt är det.

59. Tag Dig inte vatten över huvudet om Du inte avser att vattenkamma Dig.

60. Nu skall meteorologen ge en lång väderprognos. Ja, den sträcker sig från Haparanda i norr till Smygehuk i söder.

61. Vad händer om en höna får för sig att hon är en sjöfågel? Hon drunknar så klart.

62. En eremit passar dåligt in på ett mingelparty

63. Jag informerar härmed läsekretsen om att vi lever i ett informa-

tionssamhälle. Om du informerar mig om samma sak, bidrar vi då båda till en högre BNP?

64. Om en expert uttalar sig om något och en annan expert uttalar en diametralt motsatt uppfattning i samma ämne- vem är då expert?

65. En expert borde väl tangera den absoluta sanningen för att få kallas expert

66. Ett rent samvete ger god sömn

67. Du kan resa långt bort men aldrig från ditt samvete.

68. Ditt samvete har varit på lika många platser på jorden som du, se till att det är rent

69. Du kan inte se framåt genom bakrutan

70. Vägen svängde men det gjorde inte jag.

71. Han blev trädkramare när vägen men inte han svängde

72. Mamma, jag kom trea i backhoppningstävlingen. Vad bra av dig, hur många tävlande var det? Tre.

73. Om du skall uttrycka en åsikt, se då till att du först har insikt

74. Insikt först, åsikt sedan

75. De flesta bilfabrikanter skryter över sin bils förmåga att axa från 0 till 100 på x sekunder medan det mest intressanta borde vara att få reda på hur många sekunder det tar från 100 km/tim till noll och fullt stillastående. Ursäkta det var bara en fundering.

76.   Om du säger att du inte kan, kommer du aldrig att kunna

77.   Att försöka är första steget till att kunna

78.   Varje misslyckande är första steget, om än tråkigt, till att lyckas

79.   Varför måste lyckan komma så fort?

80.   Om du funderar på att börja ljuga, träna då först minnesteknik, eller ännu bättre, slå bort tankarna och var ärlig

81.   Om du ständigt stressar och jäktar, så vinner du nog racet till dödens målsnöre

82.   Varje nyfödd varelse börjar omedelbart att åldras

83.   Att en friherre har adelsvärdighet närmast under greven betyder inte att en fritös har motsvarande status under grevinnan

84.   Han är starkare än nånsin. Vem fan är nånsin?

85.   En svart själ blir inte bättre av ljus utan av upplysning

86.   Den lekamliga renligheten är en självklarhet, men hur är det med den mentala hygienen?

87.   Jag önskar mig en god bråd död annars kan det kvitta.

88.   Varför kallas han för premium? Han är hög och tanig

89.   Inget är gratis, inte ens hälsan och det är ditt ansvar att rehabilitera dig om du blir sjuk. Det ansvaret kan inte delegeras till någon annan.

90.   Varje framsteg i en rehabilitering väcker nytt hopp. Tänk när du
        kan leva på hoppet.

91.   Stå med båda fötterna på jorden och låt hoppet hålla dig kvar där

92.   Morgonhälsning till en höjdhoppare. God Morgon, upp och hoppa!

93.   Utan hopp – inget liv. Utan liv – inget hopp

94.   Det enda som är rättvist fördelat här på jorden är att alla har 24
        timmar per dygn. Se till att du gör något vettigt av dina.

95.   Om du har något i huvudet, se till att skydda det när du cyklar
        annars är du verkligen ute och cyklar.

96.   Ensam varg ylar högt

97.   Om du äter – ät. Om du talar – tala. Ät inte med prat i munnen.

98.   Ett berg kan utgöra ett hinder men också en formidabel utsikt-
        spunkt när du väl bestigit det.

99.   Det är bara en ynklig liten vokal som skiljer den olycklige från den
        lycklige – på pappret

100.   Inled mig i frestelsen och det fort som fan.

101.   Den som inte är död lever och den som inte lever är död. Det är
        dags att avliva begreppet halvdöd.

102.   Det är inte lätt att klä sig rätt och det är inte rätt att klä sig lätt när
        höststormen viner.

103. Även en böjd man kan vara rakryggad

104. När hösten kommer, är våren långt borta men tanken på vår är
       alltid närvarande

105. Hon har ingen dålig moral - hon har ingen alls

106. En förutseende man är en man som vet vad som skall ske innan det
       sker för att slippa att efteråt ta reda på vad som skedde

107. Jag är för alla som är emot.

108. Om du bara ser tillbaka kommer du att backa in i framtiden

109. Det känns som jordens dragningskraft blir kraftigare ju äldre jag
       blir sa gubben och plirade med ögonen

110. Varje möte innebär också ett avsked. Det är bara tiden däremellan
       som varierar

111. Det som är köpt är också sålt.

112. Njut din kaka – den kan bara ätas en gång

113. Här går tågen sällan. Nästa går 12.59 Ja, men då går de ju ett-i-ett

114. När folk säger att de inte har tid menar de egentligen att de prio-
       riterar något annat.

115. I kassan i Fotobutiken. Tar ni kort? Får jag i all vänlighet påminna
       min herre om att ni befinner er i en fotobutik

116.   Om du inte kan skratta ihop med din partner bör du ta dig en
       allvarlig funderare över relationens tillstånd och det är minsann
       inget att skratta åt

117.   Det är inne att äta ute så länge du inte hänger framför en korvkiosk

118.   En ingift utan hemgift får ofta en stor uppgift och utgör en latent
       utgift

119.   Det hade varit roligt om man hade blivit uppskattad av ågon annan
       än skattemyndigheten

120.   Om du går i andras fotspår är risken stor att du får fotsvamp men
       värre är att du inte hittar nya vägar och vem skall då gå i dina
       fotspår?

121.   Lova inte för mycket, risken är att du förlovar dig

122.   Skaldjur smakar bäst om de dör levande

123.   Doktorn sa att han skulle behöva spruta mina stela knän med 5.56.

124.   Sa du 5.56? Ja! Kunde du inte fått en senare tid?

125.   Vad blir det om man blandar pors och lin? En kopp, en tallrik, ett
       fat kanske.

126.   Jag tycker att jag ser dubbelt. Om du tar av dig glasögonen och bara
       använder linserna kanske det blir bättre.

127.   Inte ens den mest erfarna barnmorska torde ha sett en baby födas
       med guldsked i munnen.

128. Den ende jag vet som gått under jorden var väl Saddam Hussein.

129. En kul tur är inte samma sak som kultur.

130. Är din son åklagare? Nej, han är bilmekaniker. Ja, men då är han väl åk-lagare.

131. Jag känner tre kvinnor som heter Ann. Dem kallar jag Annett, Anntvå och Entre.

132. Han är enorm. Jaså, stor och kraftfull eller en orm?

133. En nyrik person blir ofta konsumtionsomnipotent men dessvärre lika fort omdömesinkontinent

134. Nu har jag glömt vad jag inte fick glömma att komma ihåg.

135. Här får ni inte ha hund! Men det är en ledarhund. Jasså? Jag är ledaren och det är hunden.

136. Ursäkta, går den här vagnen till Mölndal? Nej, det är nästa! Pappa, han gick på släpet.

137. Även en nybörjarpilot är air-faren.

138. När fötterna lämnat trampolinen är det väldigt sent att ångra sig.'

139. Planeten Jorden är vår gemensamma scen och vi som lever här är alla skådespelare. Det gäller att spela sin roll väl.

140. Han åt en halv grapefrukt till frukost och var sur hela dagen.

141.   Man kan likna äktenskapet med ett rullande tåg. Så länge skenorna
       löper parallellt går det på bra men se upp för växlar och stickspår.
       Ett mötande tåg på samma bana lämnar ingen oberörd.

142.   En liten berättelse om återvinning. Jag gick med min trasiga glöd-
       lampa till återvinningsstationen för att slänga den på ett miljömäs-
       sigt korrekt sätt men kunde inte finna någon lämplig container. Är
       en glödlampa metallskrot eller ofärgat glas eller hör den hemma
       i batteriboxen, när ingen glödlampshållare finns undrade jag? En
       dam gjorde entré på området och jag frågade henne till råds. Är
       lampan trasig, jag menar, lyser den inte längre?

       Ursäkta mig damen, men tror ni på fullt allvar att jag är ute
       och promenerar med en glödlampa och styr mina steg till en
       återvinningsstation om lampan fungerar. Nej, så klart. Ursäkta
       mig. För all del.
       Där, där, bakom den containern där, verkar det finnas ett oljefat
       avsett för glödlampor och lysrör.
       Fint, tack, jag slänger den där. Tack för upplysningen. Men var
       inte lampan trasig? Jo. Ja, men då var det ju ingen upplysning.
       Åh jo, tack och hej då. Hej, Hej hej hej

143.   Du kan inte torka dig torr med en våt handduk

       Den som klagar på dagens situation målar alltid historien i ljusa
       färger.
       Min fru lider av PMS. Dô, det var illa men vad står P:et för? I
       hennes fall står det för PRE, POST och PERMANENT. Gud
       bevare dig min vän.

144.   På en busshållplats är en minut aldrig 60 sekunder, det är en evig-
       het.

145.   Lär dig segla, så behöver du inte vända kappan efter vinden

146.   Det är inte lätt att fylla en bottenlös hink

147.   Varför skall jag tala med en som inte lyssnar?

148.   Alla människor går omkring med en dödsdom hängande över sig.

149.   Ingen kommer undan.

150.   Jag vill inte bli kremerad, jag tål inte värme särskilt bra

151.   Den enda gång jag önskar mig nedsatt syn är när jag ställer mig
       på vågen

152.   Det är bättre med en fisk på kroken än en torsk på krogen

153.   Du får fråga mig om allting så länge du inte frågar om min förmö-
       genhet. Synd! Synd? Man kan väl inte fråga om ingenting

154.   Du kan inte sola dig i skuggan

155.   Det bästa med solen är att den skapar skugga och då vet man att
       solen lyser

156.   Det mentala landskapet består av djupa dalar och höga berg

157.   Varför kan inte jag befinna mig på samma plats som mina glasögon

158.   När du är död är det för sent att göra det du länge tänkt att göra
       men inte gjorde. Gör det nu medan du lever!

159.   Texten var så vacker att jag blundade när jag läste den.

160. Jag har löst världsfreden. Om alla länder går in i Nato blir det inga krig. Vem vill bekriga en vän?

161. Pyromaner har ett knepigt sexliv, de tänder på hus

162. Den som går över bottenfrusen is ramlar inte i någon vak

163. Den som vandrar på blankis lämnar inga spår efter sig

164. Jag tror att kärlek och sorg går hand i hand. Den lycklige skuggas av olycka och sorg. Den sorgsne hoppas att möta kärleken.

165. Mycket kan köpas begagnat men inte bensin. Den har gått upp i rök.

166. En hora kan inte vara oskuld

167. Du kan inte fängsla en åsikt, bara budbäraren

168. Det är onödigt att hämta vatten med en sil

169. Dô, det skall bli trettio grader varmt i nästa vecka!

– Vad säger du? Är det sant? Det sa meteorologen, han sa att det skulle bli 15 grader varmt på måndag och lika mycket på tisdag. Det blir la 30 grader eller kan du inte räkna.

170. Den som spelar flöjt kan inte samtidigt sjunga till sin musik.

171. En muta kan få den seende att blunda, den blinde att se och den lame att sträcka ut handen

172. Jag gillar Nyheter, NEWS, det måste väl ha hänt något i North, East, West och South. Då blir det nyheter.

173.   Massan skymmer det enskilda ödet.

174.   Alla önskar äga en diamant men den är inte värd ett dugg om du
        vandrar i öknen och blir törstig.

175.   Även en blind person kan ha bra synpunkter.

(c) Claes Ivarson

Farväl Kära Mor

De ringde från hemmet där Du bor och bad mig skyndsamt komma, ty slutet är nära för Din mor. Jag kastade mig i bilen och körde så snabbt jag kunde för att hinna i tid. Du låg så vacker och fridfull i sängen och jag mindes när Du lekte med oss på ängen när vi var små, min syster och jag. Och nu skall Du ut på den sista långa resan tänkte jag med vemod och tog mammas hand i min. Du andas oregelbundet och med en viss ansträngning, men var lugn Kära mor, jag är vid Din sida. Jag sviker Dig inte. Du skall inte behöva sluta Dina dagar i ensamhet. Jag lovar dig. Jag sviker inte. Mamma låg vacker och lugn men fick kämpa med andningen. Hennes ögon var slutna och hörseln hade troligen övergivit henne för hon reagerade inte på tilltal längre. Jag kramade varligt hennes hand och hon responderade med svag kraft men tillräcklig för att föra min hand till hennes kind. Jag smekte Ditt ansikte och torkade din panna långsamt och försiktigt och det verkade som Du tyckte om det. Det var ju vårt sätt att kommunicera sedan Ditt tal lämnat Dig för länge sedan. Om Du bara visste hur gärna jag skulle viljat hålla ett tal till Dig när Du var frisk och kry, men jag var ju så blyg och rädd för att tala. Då skulle jag säga till Dig hur oerhört tacksam jag är för det Du givit mig. Dina materiella gåvor var kanske inte så stora för det räckte inte pengarna till, men Du gav oss kärlek, tröst och uppmuntran, ett starkt rättspatos och hög moral vilket skulle kunna sammanfattas i ordet ansvarskännande och dessa immateriella värden kan ingen pekuniär gåva matcha. Ja, hela Ditt upp-fostringspaket präglades av skratt och humor men också av rimliga krav. Ibland kunde du ryta till när du ansåg det vara befogat. Särskilt minns jag när Du sade: Det är helt OK att också Du blir arg ibland, bara Du blir arg med stil. Inga invektiv Tack. Invektiv? Mamma såg att jag inte förstod ordet och bad mig slå upp det i en ordbok. Titta under bokstaven "I" fick jag till vägledning med ett skälmskt leende. Att söka svar på frågor var en del av Din fostran av Bibi och mig och det är jag tacksam för. Jag är också glad att Du fick uppleva barnbarn och jag minns med glädje hur Du och Victoria lekte sjuksköterska och patient och det var Du som var patienten och blev mer eller mindre mumifierad av några rullar hushåll-spapper som Victoria rullade in Dig i. Ditt tålamod hade inga gränser i det avseendet. Tänk vad vi skrattade när jag fyllde tio år och Du tyckte att jag blivit tillräckligt stor för att få säga Du till Dig och hur svårt jag hade för att säga ordet "Du". Då tränade Du mig med att säga Tack skall Du ha flera gånger. Till sist blev det ändå: "Tack skall mamma ha." Jag tror jag rodnade lite mindre för varje gång. Men roligt hade vi, eller hur mamma? Jag minns också hur viktigt det var för Dig med nya hattar när våren anlände för Du var alltid noga med Din egen och vår klädsel och du klädde verkligen bra i dina hattar för de var noga utvalda hos modisten. Det var kvalitet helt igenom som gällde och så var det också med språket. Svordomar och ordet "skit" i olika variationer var bannlysta i vårt hem sedan du överhört en konversation på en spårvagn mellan ett par mycket välklädda människor vars konversation innehöll: "det skiter vi i, nej, skit i honom" och liknande fraser. Då blev du upprörd när du återberättade samtalet för Bibi och mig och vi fick lova dig på heder och samvete att aldrig använda ett sådant språk. Jag kom också väl ihåg hur du avslutade berättelsen. Du sade med adress till mig: Jag vill inte att du uttrycker dig på det torftiga sättet Claes. Man kan ju säga att man struntar i vissa saker, eller att man inte bryr sig om det eller att man inte fäster avseende vid det och det. Det låter väl lite trevligare och det fick jag hålla med om. Din slutkläm har jag ofta tänkt på. Du sade: "Konstigt att så snygga och propra människor kan ha en sån solkig språkdräkt". Det är språket som varje människa bedöms efter och är vars och ens reklambudskap på vilket man blir bedömd av andra. Kära mor, jag är så tacksam för allt Du givit mig och jag är så ledsen över att vi inte fick mer vuxentid tillsammans men var viss om att jag skall förvalta det Du har lärt mig på bästa sätt. Jag tackar Dig hjärtligt för att min fostran präglats av starkt rättspatos och hög moral. De som inte fått med sig det i livet är att djupt beklaga. Efter en stund kände jag att mors grepp om min hand blev svagare samtidigt som andningen blev ännu mer ansträngd. Jag tittade på henne och då öppnade hon ögonen, som om hon kände på sig att jag betraktade henne; och naglade fast mig med blicken som om hon ville se mig ordentligt en sista gång. Hon drog sitt sista andetag av ren kraftansträngning och sjönk ner i den mjuka kudden. Hennes kamp var över, hennes liv var till ända. Jag satt en stund vid mors sida och tittade på denna kraftfulla kvinna som nu låg där fridfull och lugnt vilande. Kampen var över. Jag lät tårarna flöda fritt. Det kändes trots allt bra och som ett enormt privilegium att få närvara vid mammas dödsbädd och veta att hon slapp vara ensam i det ögonblick hon gick över till andra sidan. Farväl kära mor. Jag skall minnas Dig med största tacksamhet och stor respekt.. Vila i frid. Jag älskar Dig.

(C) Claes Ivarson

Funderingar över vad som skulle kunna hända i världen just nu

En man tar sig för huvudet och skriker ut något ohörbart i det ögonblick han segnar ner på en trottoar i Göteborgs centrum. Många chockade människor rusar till den fallne, kalabalik uppstår. En ambulans utryckningsljud hörs i fjärran. Bilen närmar sig med blåljuset blinkande. De chockade människorna skingras när sjukvårdarna varsamt lyfter upp den gamle mannen på båren och kör in honom i ambulansen.

I samma ögonblick som detta händer krockar två bilar i Italien och ur bilarna flyger två taggade unga män som givetvis ser sig själva som helt oskyldiga till det inträffade och motparten full av skuld. Många förbipasserande lägger sig snabbt och högljutt i diskussionerna och i en handvändning har två läger etablerats som mycket väl skulle kunna vara inledningen på ett lokalt inbördeskrig. Men Armanikostymer är ingen bra klädsel för ett gatuslagsmål. Tonläget är rejält uppskruvat och är på väg att klinga av när plötsligt Armaniärmarna kavlas upp till armbågarna. Längre upp tillåter inte sömmarna, inte fostran heller verkar det som, för nu går kombattanterna iväg, tillsammans, in på en närbelägen bar medan gatans parlament fortsätter att gestikulera och diskutera påkörningen, medan bilarna, lätt plåtskadade, står kvar på gatan och blockerar all trafik; i båda riktningar. Signalhornen från köande bilar ljuder i olika tonarter och styrka. Ut kommer de unga männen glatt leende och polerade i stilla samspråk som de bästa vänner som inte råkats på länge men äntligen gjort det. Det finns många sätt att skaffa sig nya vänner på.

Samtidigt som detta sker får en sugga väster om Århus i Danmark 18 kultingar som hon ömt slickar rena och puffar i väg mot maten i spenarna.

Hon är så stor att hon tar upp större delen av förlossningsbåset. Kultingarna vinglar omkring på osäkra ben i den gula och torra halmen, nyser lite på grund av dammet och vet inte om att de troligen inte kommer att överleva julen utan mest sannolikt ligger som baconskivor i en kyldisk medan några av syskonen slutar som fläskfilé i charken. På så sätt hålls syskonskaran ihop om än på olika avdelningar. På ett större företag i München berättar marknadsdirektören med illa dold stolthet att företagets försäljning har ökat lavinartat. Ett beundrande sorl och spontana applåder sprider sig i lokalen bland den närvarande personalen; ett sorl som förbyts i gapskratt när en ung praktikant ursäktar sig med orden: "Är det oartigt att påpeka att de flesta laviner går utför". Gapskrattet vet inga gränser och rodnande smyger praktikanten iväg. En man avlider i Argentina av hög ålder i kombination med aggressiv cancer och vad det faktiskt var som ändade livet, åldern eller cancern, bestämmer man sig för att inte utreda. Och vad spelar det för roll egentligen. En fullastad Boeing 737 lyfter från John F Kennedy Airport i New York och sätter kurs mot Frankfurt. När faste- seat-belt-skylten slocknat reser sig två personer med ett gemensamt mål i siktet. Toaletten. Mannen hinner före kvinnan men bjuder henne chevalereskt att gå före in på toaletten. Hon avböjer vänligheten men mannen insisterar på att hon skall få företräde. Hon accepterar med ett leende och mannen går tillbaka till sitt säte vilket kvinnan bedömer som ovanligt vänligt. Ja, rent av gentlemannamässigt. Nu kan hon äntligen koppla av men skyndar sig så gott naturen tillåter. Några toalettljud har inte hörts men kvinnan sprejar generöst toaletten med sin senaste parfym för att vara på den säkra sidan. Hon drar på sig kläderna, tvättar sina händer i handsprit, kastar en sista blick i spegeln och låser upp dörren och går ut. Mannen är inte synlig men när kvinnan går ner till sin plats ser hon längre ner i gången mannen resa sig och styra stegen mot toaletten. En sann gentleman tänker kvinnan i samma stund hon sjunker ner på sätet.

På Grönland glider en inuit ner i sin kajak och paddlar lugnt fram bland isflaken för att söka och jaga säl. En kvinna i Paris lägger en sista puderborste på kinden, tar ett steg från spegeln och vrider sig i olika vinklar för att rätt beundra sin mest attraktiva vinkel, går närmare spegeln igen, justerar blusen medan hon bestämmer sig för lite mer rouge på kinderna. Nöjd med resultatet ger hon sig själv ett leende och sprejar lite extra parfym på halsen där hon kommer att bli kysst av sin älskare om några timmar. En bilmontör i Trollhättan fäster några dekorlister på bilen som därmed är klar för färdigvarulagret där den får stå i några veckor eller i månader i väntan på försäljning. Montörens hopp om fortsatt arbete lämnade honom aldrig. I Malmö sitter en flicka och övar på franska verb medan hennes bror i rummet bredvid undrar vad man har för nytta av integraler i praktiken. En man i Birmingham lappar till sin fru då han misstänker att hon träffar en annan man då han själv är och arbetar och skaffar försörjning till familjen. Istället för att utreda ärendet och vuxet räta ut frågetecknen fann han snart att det var berättigat med straff först. Det var inget att diskutera. I Afrika har två män just kommit överens om vilken hemgift hans dotter skall få vid det stundande bröllopet som fädren kommit överens om för sina barn men som brud och brudgum inte vet om men bara har att acceptera. Om fem år har den bruden sällskap i hushållet när hennes man bestämt sig för ytterligare en hustru. Hennes tröst, om än klen, är att lagen och kulturen sätter stopp vid fyra hustrur. Om nu det är en tröst. En kamelkaravan är på väg söderut i Sahara och har som mål att nå en känd oas före skymningen. Turisterna i karavanen känner sig ängsliga och utlämnade men förlitar sig på guiden som vandrat samma väg i generationer, först som barn sedan som yngling, därefter som vuxen och nu som ålderman. Han vet vägen, känner alla riktmärken. Kan läsa himlen bättre än en meteorolog. Tvivlar aldrig på sig själv. Kommer aldrig att förstå sig på västerlänningar trots umgänge med dem under många år.

Vid köksbordet i Haparanda diskuteras vargjaktsfrågan åter utan att man kan komma fram till någon gemensam ståndpunkt ens inom familjen. I en sjukhussäng i Karlstad ligger en patient med knorrande mage av hunger. En sköterska frågar honom om han vill ha ett glas mjölk och en smörgås. Absolut, svarar patienten, men får till svar av sköterskan att absolut inte serveras där. På en rehabklinik i Trondheim tränar en äldre dam på en step-up-bräda men har tappat räkningen på hur många gånger hon skulle gå upp på vardera foten. Hon får snart hjälp av sjukgymnasten och börjar om på ett, två och tre och byte av fot. Två människor har fått kontakt med varandra via internet och planerar att träffas men de bor på olika kontinenter och det gäller att hitta en bra lösning som båda kan acceptera. Under tiden de funderar på detta har tusentals barn fötts, de flesta tyvärr till evig fattigdom och lika många har avlidit och behöver inte längre oroa sig. I en annan del av världen pågår samtidigt fiskauktioner, boskapsslakt, bilstölder, snatterier och våldtäkter, otrohet upptäcks och trohetslöften avges, politiska trätor haglar i etermedierna och i parlamenten och de eviga familjediskussionerna om vem som skall diska middagsdisken avhandlas överallt. Det är bara det att det sker på olika språk men problemen är desamma. I Normandie är det duggregn och i Malaga regnar det inte ett dugg. När halva jordens befolkning går och lägger sig börjar den andra halvan svära över väckarklockans alarm. Fastän de själva satt den på väckning en viss tid beklagar och ojar de sig när den ljuder och fungerar som de själva bestämt. Hade den inte ringt på utsatt tid hade ojandet varit lika aggressivt fast någon timma senare. Alla människor på jorden går med huvudet pekande ut i rymden utom de få som börjar dagen med att stå på huvudet i någon hälsosam yogaövning. Naturfolken, som vi, i den utvecklade världen, anser som primitiva har likväl förstånd på att bära tunga saker på huvudet och belasta ryggraden med sina bördor. Det ger dem en vacker gång dessutom och fria armar. Vi i väst som är så utvecklade kånkar tunga matkassar i händerna och klagar över värk i armar och rygg. Vi har inte ens vett på att dela upp innehållet i två kassar om varorna skulle rymmas i en. Då tar vi den tunga i en hand och snedbelastar ryggen till senare värk och säger vid hemkomsten. Herre Gud, vad tung kassen är. Känn! Och så skall en person till lyfta snett. Delad börda? Nej, i det avseendet är det nog vi i väst som borde lära oss av naturfolken. Fast det är klart att jag skulle troligen reagera med ett kvävt gapskratt om jag på spårvagnen skulle se en man balanserande sin portfölj på huvudet.

När hands-free funktionen kom i bruk erinrar jag mig att jag satt på Bromma flygplats i väntan på mitt plans avgång när en herre i blottarrock gjorde entré och gick och talade för sig själv högt och ljudligt. På den tiden visste jag inte om att hands-free ens existerade och jag trodde att mannen var farlig. Han pratade ju för sig själv. Jag övervägde allvarligt om jag skulle boka om mig till ett senare plan för han måste ju vara tokig blev min snabbanalys. Vi kom emellertid på samma plan och han nyttjade bara den senaste kommunikationstekniken. Medan jag skriver detta har flera miljoner nya mobilabonnemang tecknats runt om i världen och en ny lycklig kines får sina bilnycklar av säljaren och kör hem med fru och barn i deras nyinköpta bil. Alldeles snart kommer nästa kinesfamilj och hämtar sin bil. Vi måste unna både kineser och indier att nå samma materiella standard som vi suktade efter på 40- och 50-talet då den materiella standarden ökade i Sverige

Forskarna säger att en humla inte skall kunna flyga. Den har för korta vingar, för tung i gumpen. Jaha. Men herregud, den flyger ju ändå. Mot naturlagarna! Kontrar forskarna för att få sista ordet. Jaha, då har väl humlan en egen naturlag för flyger gör den. Det har jag sett med egna ögon och fort gick det. Precis som om viggen inte har korta vingar och den flyger ibland både upp och ner. Viggen är ju jättesnabb i starten men i jämförelse med en flugas starthastighet står viggen helt still. Jag har funderat på hur flugor accelererar från stillasittande till flykt. Det tar bråkdelen av en sekund så det är ju inget att bråka om. Så är det bara. Kanske har flugan en inbyggd och medfödd katapult för den drar ju iväg direkt den känner sig hotad. Den behöver inte springa på landningsbanan. Den sätter sig dessutom upp och ner i taket om den får lust. En helikopter lyfter med roterande rotorblad men en insekt måste ju veva vingarna på ett annat vis. Tänk en blomfluga som tvärnitar i luften och ryttlar medan den spanar in något gott. Vips kan den ha förflyttat sig tjugo centimeter i sidled och snabbt dessutom och där fortsätter den att ryttla. -Imponerande.

(C) Claes Ivarson

Fallet

På ett rehabiliteringshem satt en grupp medelålders män och diskuterade över lunchen när en nyanländ yngling gjorde sin entre och artigt frågade om han kunde få äta sin lunch vid samma bord. Självklart, sade Gösta som intagit platsen vid bordets kortsida som om han vore den självklara värden för tillställningen. Ynglingen satte sig och sänkte därmed medelåldern rejält vid detta bord. Vad har du råkat ut för? frågade Hans, en av flera strokepatienter. Jag ramlade utför ett berg, föll 22 meter när jag skulle visa min flickvän hur man klättrar uppför och framför allt nerför en bergssida. En sprint lossnade och jag föll handlöst över 20 meter. Hur överlever man sådana fall undrade Bengt från Uddevalla. Man har tur att det inte var några stenar i botten utan bara gräs och jord. Jag slog i marken hårt och fick en fraktur på skallbenet och blev förlamad men nu skall jag bli bra snart. ”Du föll för henne” vitsade Anders från Göteborg och muntrade upp bordssällskapet tre hack. ”Ja, det kan man säga. Det kunde bli det sista jag gjorde”. ”Jag hoppas din flickvän fick en långsammare nerfärd”, mumlade Lars fram ur sitt yviga skägg. ”Nej, hon flög ner”. Va!? Hm, Oj!, kom det ur alla munnar, den ene efter den andre. ”Hur menar du”?, undrade det häpna lunchsällskapet. ”Hon blev så rädd när hon stod på toppen att hon blev totalt paralyserad och kunde inte förmå sig att påbörja nerklättringen”. ”Jag låg ju minst 20 meter längre ner och kunde inte röra mig, än mindre hjälpa henne”. ”Hon var helt chockad men kunde kalla på hjälp”. ”En helikopter fick ner henne till marken, och mig till sjukhuset” sade den fd bergsklättraren och tog en välförtjänt tugga.

(C) Claes Ivarson
augusti 2014

Motorvärmaren

Som liten fick jag lära mig att spara. Att spara i dagens samhälle betyder att man i görligaste mån gör allt själv. Innan jag köpte motorvärmaren ringde jag till verkstaden och frågade hur mycket de skulle ha för att montera den. Det kostar 1.500 kronor inklusive moms blev svaret och därmed var samtalet slut fast jag ville prata en stund till men linjen var bruten. Det var ingen liten summa, tänkte jag. För att klara av den var jag tvungen att arbeta en hel dag för att efter skatt kunna betala räkningen och dessutom köpa själva motorvärmaren. Det blev dyrt. Detta faktum fick mig att åtminstone försöka själv. Vid köpet av värmaren ställde jag den korkade frågan till säljaren om han trodde att jag skulle kunna montera den själv som om hans okulärbesiktning av mig skulle kunna avslöja mina färdigheter i verkstadsarbete. Men han var artig nog och sade: ”Det tror jag säkert, det kan ju en idiot klara av”. Stärkt av hans tro på mig som ickeidiot åkte jag hem och förberedde inmonteringen genom att läsa instruktionen noga. Väl på bensinmacken hyrde jag en lyft och blev alldeles vild på att komma igång. Jag fick så bråttom att jag alldeles glömde bort vad jag tidigare läst. Man skulle försiktigt slå in frostpluggen i motorblocket och sedan med en tång dra ut den. Med hammaren i näven knackade jag försiktigt på pluggen. Den visade inga som helst tecken på att röra sig. Med lite mer kraft i slaget flög pluggen rakt in i motorns kylkanal och det varma glykolfärgade kylvattnet sprutade rakt i ansiktet på mig och rann ner efter bröstet mot magen. Där stannade det en stund innan det fortsatte ner efter benet och bildade en rejäl pöl på golvet. Mackägaren kom precis in och granskade mig. Va fan, går du också på glykol? Med oerhörd ansträngning och våt som en dränkt katt fick jag så småningom ur pluggen och kunde påbörja själva monteringsarbetet. Det gick som en dans och det fanns stunder av eufori och en självbelåtenhet som inte stod många politiker efter. Efter 4 timmar och 28 minuter var bilen klar att sänkas till golvet. Jag startade och skulle köra ner bilen när en otäck glykolfärgad strid ström av vatten forsade fram ur bilens underrede. Med värkande rygg hukade jag för att se varifrån det kom och se, det kom från hålet där själva motorvärmaren går in i motorn. Det var som i barndomen när man höll handen för vattenkranen. Då sprutade det ganska friskt åt alla håll. Det var bara att lyfta bilen igen och försöka få in värmeelementet bättre. I samma veva som bilen lyftes kom mackägaren in och sa att han måste stänga för dagen. Jag fick inte stå kvar. Jag måste ut bums.Det var bara att packa ihop och åka hem. Som tur var bodde jag bara någon kilometer från tappen så kylarvattnet räckte ända hem. Jag klev ur bilen med ännu mer värkande rygg och gav nog närmast ett berusat intryck till grannar och andra förbipasserande. Efter en viss möda kom jag upp till lägenheten på tredje våningen och kunde lägga mig i ett varmt bad. Ryggskottet var ett faktum och det var ju inte så konstigt eftersom jag tillbringat över 4 timmar i krokig ställning under bilen. Följden blev att jag fick ligga till sängs under resten av den dagen och ytterligare två dagar. Det var en ond helg. Bilen lämnades till reparation följande vecka och räkningen blev inte många kronor från de 1,500 som det skulle kosta om jag lämnat in bilen från början. Tio dagar senare var alla sår på händerna läkta och naglarna började återfå sin naturliga färg. Hustrun kunde tacka Hjälpmedelscentralen för lånet av kryckan och jag kunde med grumlad glädje titta på det senaste verktygstillskottet, en polygrip som krävdes för att få ur pluggen ur motorblocket. Plötsligt har det gamla talessättet: "skomakare bliv vid din läst." fått en smärtsam men verklig innebörd. Jag fick trösta mig med att all lärdom kostar tid, pengar och möda och att erfarenhet ofta byggs upp genom misstag, egna och andras. Det egna är nog trots allt lite mer kunskapsgivande. Vilken tröst!